JN409889

벌거벗고 춤을 추다

DANCING NAKED – IN FUZZY RED SLIPPERS

벌거벗고 춤을 추다

카르멘 리차드슨 러틀렌 지음 · 최영림 옮김

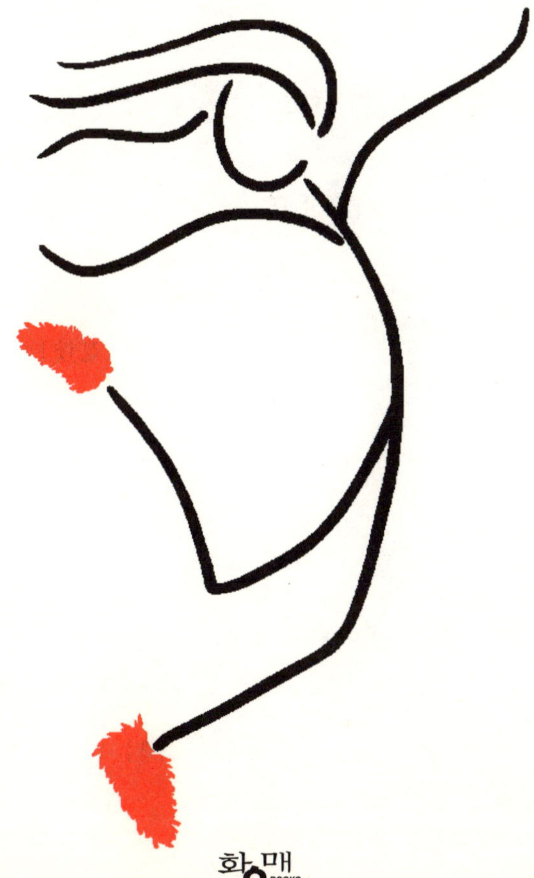

황매 BOOKS

목 차

제1장

판당고 ; 가족과 친구들

*fandango. 18세기 초엽에 발생한 에스파냐 남부 지방의 춤. 보통 캐스터네츠를 손에 든 한 쌍의 남녀가 기타와 노래가 교체되는 빠른 음악에 맞춰 춤을 춘다.

가족과 친구들의 춤, 판당고는 생동하는 리듬으로 충만하다. 사랑하는 사람들과 때로는 사랑하지 않는 사람들과도 함께 추는 춤이다. 가족은 선택할 수 없지만, 친구는 선택할 수 있다. 어떤 사람과는 영원히 관계를 지속하지만, 어떤 사람들과는 헤어진다. 그러나 그 모든 사람들은 대담하고도 능란한 필치로 우리의 삶을 채색한다. 그리고 한 발짝 물러서서 바라보면, 무지갯빛처럼 아름다운 가족과 친구들의 눈부신 춤을 볼 수 있게 된다.

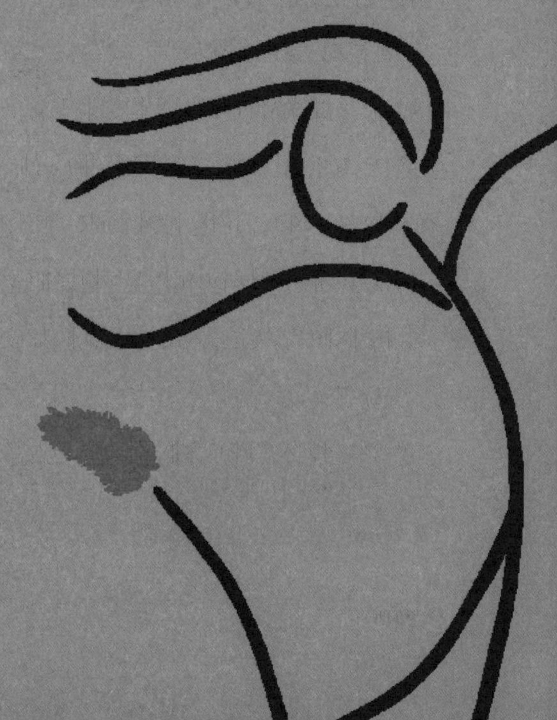

벌레

물 컵에
벌레가 빠져 있었다.
먹으면 죽는지 알아보려고
마셨다.

안 죽었다.

그래서 잘못될지도 모른다고
엄마가 말씀하셨던
다른 것들도
시험해 보려고 한다.

부모란

믿을 만한 근거가 없어도
당신을 믿어 주는
사람이다.

친구란

꼭 사랑해야 할 필요는 없지만
그래도 당신이
사랑하는 사람이다.

적

나는 다른 여성들을 적이라고 생각했었다. 아마도 그것은 그들이 나를 적으로 보았기 때문일 것이다. 어떤 여자애가 나를 좋아하지 않으면, 어머니는 그건 그 애가 나를 질투하기 때문이라고 말씀하셨다. 세상의 모든 어머니들이 딸에게 그렇게 말한다.

지금 내가 가장 사랑하는 사람들 중 몇 명은 여성이다. 그들은 나에게 위안을 주며, 우리는 비슷한 슬픔과 기쁨을 함께 나눈다. 나는 마침내 내 삶 속에 여성을 받아들이게 되어 기쁘다. 그들이 나를 질투했던 것이 아니라 내가 심술궂었던 것이라고 생각한다.

어리석음은 나의 무기

열다섯 살인 아들은
내가 어리석다고 생각한다.

그것이 바로 내 전략이다.

매복 자세로
자유롭게 움직이면서
그의 일상에 은밀히 침투할 수 있다.
어리석어 보이는 것이
나의 가장 영리한 작전이다.

산소

비행기를 타면 승무원은 마치 치어리더처럼 팔을 움직여 비상구를 가리키며 비행기가 추락할 경우 우리가 어떻게 해야 하는지를 설명한다. 그 판에 박힌 이야기를 들을 때마다 나는 항상 놀랍고 끔찍했다.

하늘에서 낙하를 해야 한다는 것 때문이 아니었다. 객실 내의 압력이 떨어질 경우 엄마들이 먼저 산소마스크를 착용해야 한다는 지시 때문이었다. 아이들에게는 나중에 산소마스크를 씌워 주라는 것이다. 그것은 아주 잘못되고, 아주 냉정하고, 이기적이며, 정말 나쁜 행동으로 여겨졌다.

나에게도 아기가 생겼다. 자라서 아이가 되었다. 나는 엄마 노릇을 한다는 것이 얼마나 큰 산소 결핍을 초래하는지 깨닫게 되었다. 아이에게 필요한 것들과 자잘한 요구 사항들 그리고 변덕을 채워주느라 매일 매 순간을 헌신한다는 것은 사람을 아주 지치게 할 뿐 아니라 심각한 산소 부족을 야기한다. 나는 숨을 쉴 수가 없었다.

어느 날 문득 멋진 생각이 떠올라 '산소'를 찾아 나섰다. 그리고 매주 목요일 밤에 2시간씩 수채화를 배우기로 했다. 일주일에 하룻밤만은 솔직하고, 자신을 사랑하는 내가 되는 것이다. 엄마도 아니고, 직장인도 아니고, 누군가의 애인도 아닌 바로 나 자신으로 돌아가는 것이다. 아! 산소가 마구 쏟아져 들어왔다. 그 순수하고 깨끗하고 신선한 산소를 마시며 나는 깊이 숨을 쉴 수 있게 되었다. 내가 깊게 호흡할 수 있게 되었을 때, 아들도 깊이 숨을 쉴 수 있다는 것을 알게 되었다. 남자친구와 나를 둘러싼 모든 사람들도.

이제 나는 더 이상 죄책감이나 자질구레한 걱정 없이 정기적으로 산소를 얻기 위한 휴식시간을 갖는다. 내게 의지하곤 했던 내 아들과 모든 사람들에게 이 산소 호흡법을 가르쳐 주었고, 그로 인해 행복하다.

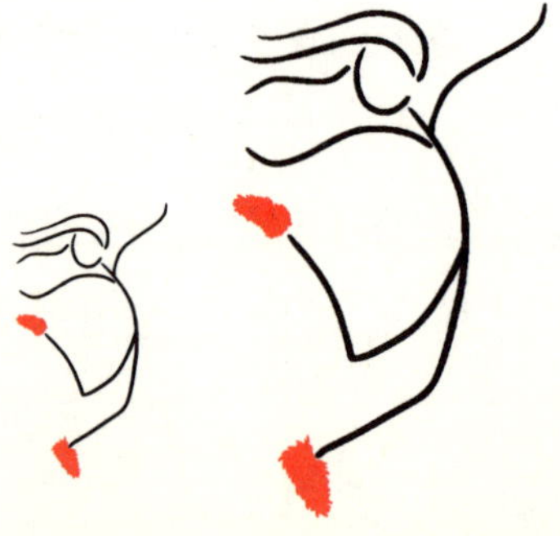

'빌어먹을' 에세이

내가 대학에 다닐 때, 'Fuck젠장, 빌어먹을 따위의 욕으로 쓰이기도 하지만 사랑을 나눈다는 의미로도 쓰인다 - 옮긴이'이라는 단어로 에세이를 쓴 적이 있다.

나는 'A'라는 붉은 글씨가 크게 쓰인 그 에세이를 들고 서재로 들어가 자랑스럽게 아버지에게 건네 드렸다. 아버지가 글을 읽는 동안, 나는 '네가 너무나 자랑스럽구나.'라는 말을 듣게 될 거라고 확신하며 기다렸다.

그런데 아버지의 얼굴이 점차 벌겋게 변하기 시작했다. 아버지는 은퇴한 육군 대령 같은 거친 목소리로 말했다. 아버지의 말은 정확히 다음과 같았다.

"내가 딸년을 빌어먹을 대학에 보냈더니, 그 빌어먹을 딸년이 'Fuck'이란 말로 빌어먹을 에세이를 쓰고, 그것으로 빌어먹을 'A'를 받아왔군!"

나는 최대한 침착하게, 나는 지금 대학에 다니고 있으며, 아버지는 나를 어린애 대하듯 하면 안 된다고 말했다. 그리고 나는 히아카와Hiakawa의 의미론에 대해 설명했다. 히아카와에 따르면 어떤 단어는 단지 그 사물을 대표할 뿐이지, 그 사물 자체는 아니다. 마치 지도가 지역을 표시하기는 하지만, 그 지역이 아닌 것과 마찬가지이다. '살인'이나 '강간' 또는 '죽이다'와 같은 말들은 정말 나쁜 말일 수 있지만,

'Fuck' 과 같이 사랑을 나눈다는 것을 표현하는 말은 그렇지 않다고 말했다.
우리는 우리 앞에 놓인 분노의 강이 다 말라붙을 때까지 마구 쏘아붙이며 싸웠다. 아버지의 분노와 나의 독선이 모두 가라앉자, 아버지는 차분하게 말했다.
"말을 하는 목적은 서로 대화를 나누기 위한 거야. 만일 네가 나이든 부인과 이야기하다가 'Fuck' 이란 말을 쓰면, 그녀는 너를 버르장머리 없는 여자라고 생각할 거다. 그 이후에는 네가 무슨 말을 하든 무시할 것이 뻔해. 대화는 중단되어 버리고, 바로 그런 이유로 언어가 죽게 되는 거야."
아버지가 옳았다.
그날 아버지는 히아카와의 이론이 가르쳐 준 것보다 더 많은 것을 나에게 가르쳐 주었다. 살면서 우리는 다양한 형태의 진실에 노출된다. 그리고 당위성에 대해서도 배우게 된다. 우리는 이러한 진실들 중 일부를 학교에서 배웠다. 그것들이 이론화되고 또 우리가 배워야 한다는 것이 좀 우스꽝스럽기는 하지만, 우리는 사회와 사회를 이루고 있는 사람들의 일부이며, 최소한 사회에서 통용되는 '시대의 진실' 에 동의를 표해야만 한다.
그래서 진실에는 두 가지 흐름이 존재하게 된다. 하나는 당신의 마음과 영혼을 위한 것이고, 다른 하나는 사람들이 함께 살아가는 세상을 위한 것이다.

우리가 운이 좋으면 언젠가는 두 가지 진실이 서로 조화되는 순간을 맞게 될지도 모른다. 그 특별한 날 우리가 어떤 지혜로운 노부인에게 'Fuck' 이라는 말을 쓰면, 그녀는 무슨 뜻인지 알겠다는 듯이 미소를 짓고, 그리고 웃음을 터트릴 것이다.

기차역에서 – 작은 요정을 기다리며

외롭게 길게 뻗은 기찻길. 이따금씩 산들 바람만이 찾아 주는 고적한 곳. 어쩌다 떨어진 한두 개의 낟알처럼 흩어져서 기차를 기다리는 사람들. 그 중 두 사람은 혼자였고 두 사람은 일행이었다. 이빨 빠진 웃음처럼 기묘한 풍경이다.

멀리서 외로운 기차 소리가 들리고, 나는 작은 요정을 생각한다. 아름답고 긴 아마 같은 머리를 가진 작은 요정(아마 같은 머리라니? 아무튼). 작은 요정, 이제는 어른이 된 내 동생 마리아는 마치 큰언니 같다. 나는 그녀를 무시했었고, 사실 그녀가 어릴 때 어땠었는지 기억조차 못한다. 텅 빈 기억들.

그렇지만 그녀는 달랐다. 그녀는 지나간 날들을 모두 기억한다. 화장하는 나를 지켜보았던 것이며, 내가 어머니를 향해 아주 떠나 버리라고 소리를 질러댔던 것도 기억한다. 결국 어머니는 떠나셨다. 내 작은 여동생. 나는 십대였고, 그녀는 성가신 어린 동생이었을 뿐인데, 그녀는 이 모든 것들을 다 기억한다.

이렇게 대단한 동생을 어떻게 무시할 수 있었는지 그저 놀라울 뿐이다. 그녀는 그때보다 더 풍요롭고, 강하고, 현명해졌다. 그러나 그녀는 그 사실을 모른다. 그녀는 다른 어떤 사람들보다도 나를 더 잘 다룰 수 있고, 내가 들어야 할 필요가 있는 것에 대해 정확하게 말해 준다. 그녀의 아름답고 강한 여성 속에는 남성과 여성이 잘 융합되어 빛나고 있다. 그러나 그녀는 그런 사실을 모른다.

그녀가 꽃이라면 아프리카 데이지일 것이다. 강하고 진실하며, 두려움도 부끄러움도 없이 태양을 향해 당당하게 뻗어나는 데이지. 긴 아마 같은 머리(사전을 찾아보니, 밀짚 색깔이라고 한다. 나는 그것이 갈색인 줄 알았다. 어쨌든)에, 빛나며, 말참견도 잘하고, 항상 감동을 주는 아름다운 여자. 그녀는 그 사실을 모른다.

그녀를 사랑한다. 그녀에 대한 나의 감정을 정의하려면 사랑이라는 말보다 더 큰 의미를 가진 단어가 필요하다. 이제 그녀는 다른 사람이 화장하는 것을 지켜보며 배우지 않아도 아름답게 화장하는 법을 안다.

젠장, 그런데 기차는 왜 안 오는 거야!

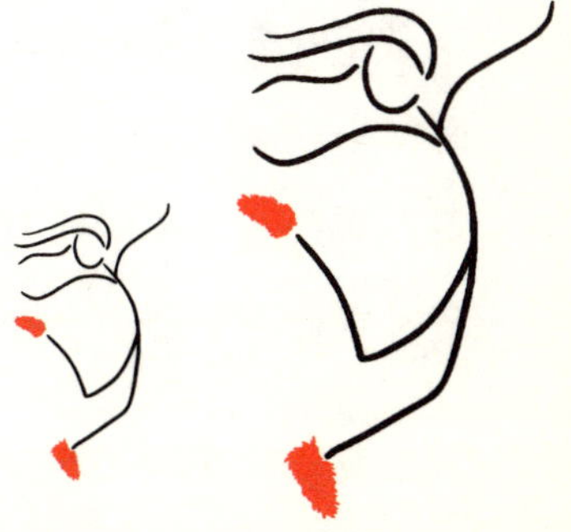

징징대지 마, 아버지는 이렇게 말씀하셨다

"불만이 있으면, 항상 제일 높은 사람에게로 가라."
그건 메시 백화점에 가서 철 지난 옷을 환불하는 것과 같다.
세상을 살면서 불만이 생기거든
신에게로 가라.

어릴 때, 고기를 싫어했다.
먹기 싫은 고기 덩어리를
식탁에 휙 던지며 짜증을 낼 때면
아버지는 이렇게 말씀하셨다.
"네가 그것을 좋아할 필요는 없어.
그냥 먹기만 하면 돼."
어른이 되자
그것이 단순히 고기에만 해당되는 말이
아니라는 것을 깨달았다.
그것은 아주 유용한 충고였다.
싫어하는 상사와 잘 지내는 데
하기 싫은 숙제를 하는 데
원치 않는 의무들을 수행하는 데 도움이 되었다.

지금도 고기는 먹지 않는다.
고기를 좋아하지 않기 때문이며,
먹을 필요도 없기 때문이다.

일은 싫어하지 않는다.
그러나 하루 중에
일이 차지하는 시간이 너무 많다.

인생이라는 게임의 목표는
낮은 끗수는 최소화하고
에이스는 최대화하면서,
게임의 한복판에
너무 오래 머물지 않아야 하는 것인데
일에 너무 많은 시간을
들여야 한다.

아버지가 어머니와 결혼할 때, 어머니에게는 뻐드렁니가 있었다.
이를 교정 중인 어머니가 웃기가 민망하다고 아버지에게 말할 때마다
아버지는 말했다.
"여보, 그냥 당신이 말뚝 울타리를 하고서도 옥수수를 먹을 수 있는

몇 명 안 되는 사람 중의 하나라고 생각해 봐."

대단해요, 아버지!

불꽃

혼란스럽거나

멍청하거나

사납거나

게으르거나

틀렸을 때를 제외하고

나는, 나를 아주 좋아한다.

보통은 내가 다른 사람의 삶에서 작은 불꽃같다고 느낀다.

그리고 아들에게는 더 그렇게 느껴지기를 바란다.

노력하지 않는 것은 아니다. 그러나 방법을 모르겠다.

혹시 효과가 있을까 하고 모든 것을 시도해 본다.

그러나 때로는 시도해 볼 만한 것마저도 없어지지는 않을까 두렵다.

그래, 아마도 그 나이의 아이에게

내가 반짝이는 불꽃이 될 수는 없겠지.

아마도, 자신만의 불꽃을 찾을 필요가 있겠지.

아마도, 자신만의 불꽃을 볼 수 있도록

나의 것은 봉해 둘 필요가 있겠지.

할머니

거울도 없이 립스틱을 바르고 계시는 할머니를 본 적이 있다.
어떻게 그렇게 하실 수 있는지 여쭈어 보았다.
할머니는 이렇게 말씀하셨다.
"얘야, 그건 내 입술이 어디 있는지 내가 알고 있기 때문이란다."

어떤 소년

학교에서 늘 말썽만 피우던 한 소년을 알고 있다. 그런데 흥미롭게도 학교에서 벗어난, 그의 방 주변에는 크고 아름다운 야생화들이 자라나고 있었다. 이웃에 있는 모든 동물들이, 심지어는 사나운 개까지도 그를 좋아했다. 문명은 그의 친구가 아니었다. 그러나 관대하고 아름다운 자연은 그를 무한히 사랑했다. 나는 자연과 같은 마음으로 그를 사랑하는 법을 배웠다. 그러자 아주 크고 순수한 사랑을 느낄 수 있었다.
그것은 다른 모든 형태의 사랑을 보잘 것 없는 것으로 만들었다.
그 소년은 나의 아들이다.

정신병자들

나의 할아버지, 요한 바르시아 이 자누이는
내 어머니가 집을 떠나기 전에 이렇게 말씀하셨다.
"조심해라, 얘야.
정신병자들이 모두 병원에 갇혀 있는 건 아니란다."

맞춤 방

아버지가 말씀하셨다.
"네가 누군가를 처음 만나거든 그 사람을 아담하고 작은 방에 넣어 봐. 네가 그들에 대해 좀 더 알게 되면 그 사람이 그 방에 잘 맞지 않는다는 것도 알게 되지. 그러면 또 다른 방으로 옮겨 봐. 그 사람을 아주 잘 알게 될 때까지 계속하다 보면, 결국에는 그 사람이 어떤 방에도 잘 맞지 않는다는 것을 깨닫게 될 거야. 그런 후에야 그 사람에게 딱 맞는 맞춤 방을 만들게 된단다."
이것이 맞춤 방으로 가득한 인생을 얻을 수 있는 아름다운 시선이다.

줄을 서서 기다릴 때는

“영화관 같은 곳에 가서 길게 늘어진 줄 속에 서 있다면, 앞쪽에 서 있는 사람들은 바라보지 마. 돌아서서 네 뒤쪽에 있는 사람들을 봐. 기분이 훨씬 나아질 거야.” 라고 엄마가 말씀하신 적이 있다.

그녀가 옳았다.

가고자 하는 곳보다는 지금 머물고 있는 곳이 어디인지를 아는 것이 더 중요하다.

혼돈

고대 그리스 인의 정의에 의하면 '혼돈' 이라는 단어는 정자와 난자가 만나는 바로 그 순간을 뜻한다. 나에게도 아기가 생겼고, 그리스인들이 옳았다. 혼돈!

'혼돈' 이라는 말은 또한 어떤 것도 엄격하게 정의되지 않는 순간이며, 온갖 즐거움과 슬픔과 기쁨이 가능성으로 존재하는 순간이다. 그리스 인들이 또 한 번 옳았다. 아이들을 기르면서 동반되는 혼돈은 삶을 살아볼 만한 것으로 만들어 줄 뿐 아니라, 아주 흥미진진한 것들로 가득 채워 주며, 멋진 나날들과 절대적인 기쁨을 가져다 준다.

똑똑한 그리스 인들!

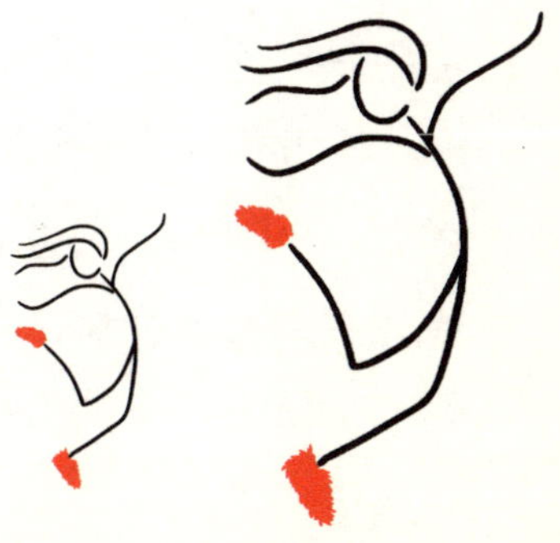

엄마의 실종

엄마가 위험에 빠졌다고 생각한 적이 있었다. 실종된 것이다. 미친 듯이 엄마를 찾아 헤매면서 나는 엄마가 영영 사라졌다고 생각했다.

엄마에 대해 시를 써 본 적도 없고, 엄마한테 내가 얼마나 사랑하는지 특별히 세세하게 말해 준 적도 없다는 사실을 깨달았다. 엄마가 사라졌다는 생각이 들었을 때 얼마나 막막했는지 모른다. 더 이상 엄마가 없다는 것이 어떤 기분일지 생각하기도 두려웠다. 결국 나는 마흔여덟에 진짜 어른이 되어야만 했고, 내 형제자매들도 어른이 되어야만 했다.

이제 곧 사람이 정말 죽는다는 걸 알게 될 내 아들과 그 애의 사촌들은 무엇을 느낄까. 그 아이들이 알았더라면 할머니에게 좀 더 잘 해 주었을까. 일본인들이 필리핀을 점령하고 있는 동안, 그곳에 머물렀던 스페인 사람으로서 '모험' 이었다고 부르는 전쟁 이야기를 들려줄 때, 좀 더 얌전히 앉아 있었을까.

내가 얼마나 많이 사랑했는지 알고 계실까? 내가 못되게 굴 때도 진심으로 그런 것은 아니었다는 것을 아실까? 엄마의 마음속에 있는 많은 것들이 이제는 내 마음속에도 자리 잡고 있다는 것을, 형제들이 '엄마처럼' 되어 간다며 나를 놀릴 때 그 말을 칭찬으로 받아들이게 되었다는 것을 알고 계실까?

아무튼, 엄마를 찾았다. 길을 잃어 방향을 물으려고 어떤 집에 들렀다고 했다. 그런데 그 집의 젊은 부부가 그녀를 안으로 초대하는 바람에 같이 와인을 마시며 시간을 보냈다는 것이다.

엄마는 늘 '내가 죽으면' 이 아니라 '만약에 내가 죽으면' 이라고 말씀하신다. 그러나 나는 어느 날 갑자기 엄마가 실종되거나, 혹은 원하건대, 그냥 낯선 사람들과 와인을 마실 수도 있는 만약의 경우에 대비해서 이 글을 쓰고 있다.

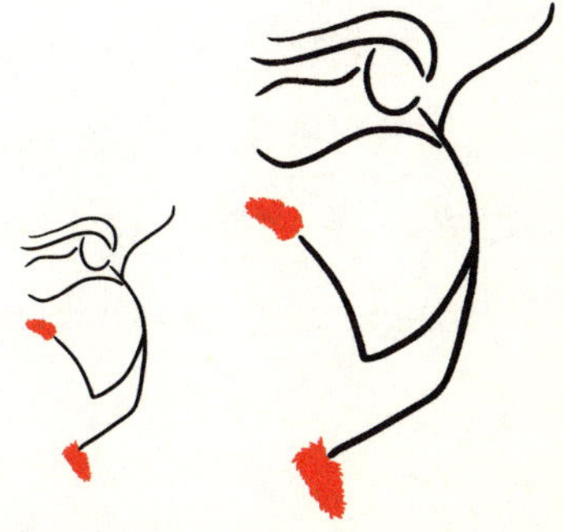

킴

카탈로그 사진을 찍기 위해 그들의 집을 찾아갔다. 집 안으로 걸어 들어가며, 내가 바라던 삶을 살고 있는 그들을 보았다. 집은 아름다웠다. 장식들도 훌륭했고, 그들이 사는 모습도 아름다웠다.

남자는 좋은 직업을 갖고 있었다. 여자는 정원을 가꾸고, 테니스를 치고, 그림을 그릴 시간도 있는 우아한 생활을 하고 있었다. 나는 머릿속으로 공들여 짠 꽃바구니에 정원의 장미를 꺾어 들고 걸어오는 그녀를 그려 볼 수 있었다. 기품 있고 조화로우며 눈부시게 빛나는 삶, 미리 준비된 우아한 아름다움이 있는, 마사 스튜어트martha stewart의 라이프스타일이었다.

그들의 집은 골프장이 내려다보이는 곳에 자리 잡고 있었다. 뒤뜰에는 분수가 푸른 타일이 깔린 풀 안으로 작은 물방울들을 뿜어내고 있었고, 우아하게 세공된 철 담장 주변에는 빨간색과 분홍색의 장미들이 흐드러지게 피어 있었다. 바로 내가 꿈꾸어왔던 집이었다. 내가 바라던 생활이었으며, 열망하던 삶이었다. 향기로운 삶이었다.

사진 촬영이 끝난 후에, 그들은 나에게 테라스에서 한잔 하지 않겠냐고 물어왔다. 밖에 앉아서 여름의 향기와 밤새들의 지저귐을 즐기고 있을 때, 그들이 킴에 대해 말했다. 그녀는 작년에 세상을 떠났는데, 그날이 바로 그녀의 생일이고, 생일을 맞았다면 올해 스물여섯이 된다고 했다. 킴은 그들의 외동딸이었다. 손자들이 있었으면 좋겠다는 결코 이루어질 수 없는 소망도 이야기했다.

교외에 있는 우리 집이 생각났다. 노랗고 볼품없는 주방 싱크대와 이가 잘 맞지 않아 삐걱대고, 대개는 아이스크림 막대기 조각들이 나뒹굴고 있는 마룻바닥이 떠올랐다. 개와 고양이들의 소동이 끊이질 않고, 앵무새는 비명을 지른다. 이웃집 아이들은 사탕 가게에 들른 것처럼 신이 나서 진흙 위를 돌아다니고, 아들의 방에서는 요란한 헤비메탈 음악이 쉴 새 없이 쏟아져 나온다.

뒤죽박죽인 내 삶과 그것이 가져다주는 즐거움에 대해 생각했다. 갑자기 나와 열아홉 살짜리 내 아들 사이에 놓여 있는 문제들이 작아지는 듯한 느낌이 들었다. 토비는 늑대과에 속하는 강아지를 집으로 데려왔다. 나는 몇 번이나 그에게 "더 이상 동물은 안 된다!" 고 말했다. 강아지에게 다른 집을 알아봐 주라는 식의 애매한 용어로 말하지 않았다. 나는 내가 잠들고 나면, 토비가 강아지를 몰래 침실로 데려간다는 것을 알고 있었다. 우리는 3일 동안 말을 안 했다. 집으로 돌아가면, 아들에게 강아지를 길러도 좋다고 말해 주어야겠다.

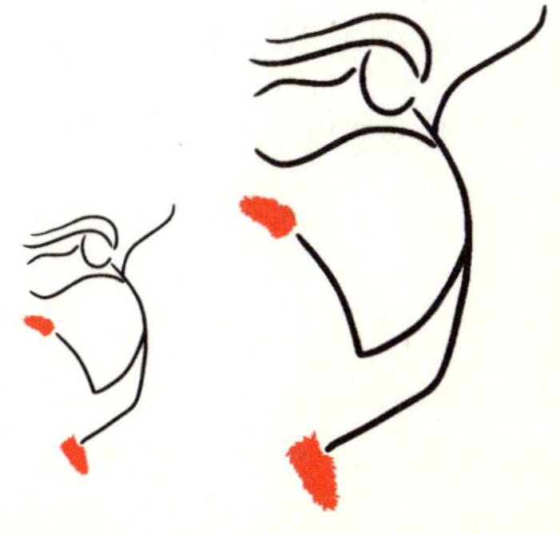

우정

우정이 죽었을 때,
거기에는 옳은 것도, 그른 것도 없다.
나약한 실패만이 있을 뿐이다.

서로 다른 지향과
서로 다른 리듬.
이제는 더 이상
같은 박자로 공명하지 않는다.

우정은 끝이 났지만,
나는 아직도
우리가
그토록 아름답게 일치했던
리듬에 맞추어
함께 춤추었음을
감사한다.

불타는 증오

나는 그녀가 너무 싫었다. 그것은 극단적인 증오였다.

그녀는 한때 내 조수로 일했다. 우리는 1년간 함께 일했는데, 그녀가 더 나은 일을 제안받았을 때, 나는 그녀를 위해 기뻐했다. 그녀가 떠나는 날 우리는 따뜻한 작별 인사를 주고받았고, 계속 연락하자고 약속하며 서로를 포옹했다.

나는 꽤 괜찮은 회사에서 괜찮은 일을 맡고 있었다. 이혼이라는 최악의 위기를 겪고 있을 때, 그 회사에서 일을 시작했다. 그 일은 나에게 자긍심을 되돌려 주었으며 직장 동료들은 나의 가족이 되었다.

내가 일한 지 7년째 되는 해에 회사에 재정적인 문제가 발생했다. 나는 그만두어야 했다. 마치 기품 있는 곳에서 추락한 여왕이 된 느낌이었다. 마음이 아팠다. 소문이 흘러 나가자, 동료들은 내 주위에서 발소리를 죽였다. 무슨 말을 해야 할지 아는 사람은 아무도 없었다. 갑자기 보이지 않는 사람이 된 것 같은 생각이 들었다.

그들은 좀 더 비용이 덜 드는 사람을 고용해야 했고, 실제로 그렇게 했다. 그들이 고용한 사람은 나의 전 조수였다. 우리는 원활한 인수인계를 위해서 3주간 함께 일했다. 나는 늘 그녀를 좋아했고, 그녀도 나를 좋아한다고 생각했다. 그런데 내가 잘못 알고 있었다. 회사의 다른 사람들이 볼 때 그녀는 매력 있고, 상냥하며, 사랑스러웠다. 하지만 우리

끼리 있을 때면 나에게 신랄한 어조로 말하며, 모욕하고 비웃었다. 추락한 여왕을 지켜보며 즐거워했던 것이 틀림없다. 목격한 사람은 아무도 없었다. 그러나 나에 대한 그녀의 미움과 모욕은 명백했으며, 오로지 나에 대한 것이었다. 나는 더욱더 혼자가 된 것 같았다.

나는 엘리베이터 안에서의 그 특별한 순간을 아직도 생생하게 기억한다. 그녀와 나뿐이었다. 그녀는 얼음처럼 차갑게 말했다. 그녀가 무슨 말을 했는지는 기억나지 않는다. 그러나 그 농후한 모욕의 느낌이 아직도 기억난다. 그 순간 나는 깨달았다. 나는 상상 속에서나 존재하는 그런 적이 아니었다. 그녀의 실제적인 적이었다. 전에는 누구에게서도 그런 냉담한 느낌을 받은 적이 없었다. 한기가 느껴졌다. 기억을 더듬어 이유를 찾아보았다. 내가 전에 그녀에게 무슨 일을 했었던가?

7월 4일의 가족 소풍이 떠올랐다. 그녀의 가족 소풍이었다. 그녀는 무심결에 가족 모임이 예정되어 있다고 말했다. 이탈리아 인들의 대대적인 가족 모임이었는데, 재미있을 것 같았다. 나는 아들과 내가 그 가족 모임에 합류해도 괜찮을지 물어보았다. 나는 대가족 모임에 참석할 수 있기를 간절히 바라고 있었다. 우리 가족은 너무 단출했다. 나와 어린 아들, 단 둘뿐이어서 나는 대가족이 되기를 바랐고, 최소한 대가족을 이루고 있는 다른 사람들에게라도 속하고 싶었다. 그녀는 잠시 망설이더니 참석해도 좋다고 대답했다. 그 후에 나는 혹시 내가 그녀를 불편하게 만들었을지도 모른다고 생각했다. 나는 그녀의 상관이었고, 그녀는 당연히 허락했어야만 했던 것이다.

소풍에서 만난 그녀는 쌀쌀하고 냉담했다. 그들만의 가족 소풍에 참여하겠다고 요청한 것이 잘못한 일일 수도 있다는 생각이 잠깐 떠올랐지만, 그냥 내 상상일 뿐이라고 생각했다. 우리가 침입자일 수도 있다는 생각은 해 보지 않았다. 나는 그날 느꼈던 얼음장같이 냉담한 기운을 모르는 체하기로 했다. 그것은 나중에 내가 가장 상처받던 시기에 느꼈던 것과 똑같은 한기였다.

그러나 여전히 나는 그녀가 나를 좋아한다고 생각했다. 얼마 동안은 정말 그랬을지도 모르고, 아니면 처음부터 여왕이 되고 싶어 했는지도 모른다.

그녀는 아주 영리했다. 그녀도 그것을 알고 있었다고 생각한다. 그녀는 또한 강했다. 하지만, 그 점은 몰랐던 것 같다. 그녀는 새로 얻은 힘을 더 이상 힘이 없는 사람에게 잔인하게 휘둘렀다. 그녀는 이미 쓰러져 있는 나를 걷어찼고, 그런 일을 솜씨 있고, 정교하게 해냈다.

용서할 수 없는 일이었다. 너무나 잔인했다. 그녀는 내가 이미 상처 입고 있을 때 더 치명적인 상처를 주었고, 내가 이미 초라해져 있을 때 더욱 초라하게 만들었다. 나를 너무나 외롭게 만들었다. 그래서 나는 그녀를 증오했다.

증오의 감정은 나에게는 새로운 것이었다. 나는 그렇게 하고 싶을 때조차 사람들을 계속 화내게 만들 수 없었다. 화를 담는 내 그릇은 여과기로 만들어져 있어서, 단지 걸러낼 수 있을 뿐이었다. 그러나 이것은 달랐다. 회사를 떠나 더 이상 그녀를 보지 않게 되었을 때에도 여전히 나는 증오를 느꼈다. 내 여과기가 막힌 것이다. 그 감정을 제거할 수가 없었다. 그런 감정으로부터 해방되기 위해 묵상도 하고, 기도도 했다. 뭔가 부자연스럽고 낯선 것이 내 마음을 침범한 것 같았다. 나를 갈기갈기 찢는 큰 파도가 몰려왔고, 그것을 없애고 싶었다.

시간이 흘렀다. 찐득찐득하게 들러붙어 있는 증오를 떼어내려고 노력하며 시간을 보냈지만 성공하지 못했다. 나는 친구 릴리안에게 마음을 털어 놓았다. 릴리안은 정말 멋진 여자다. 그녀는 나에게 그것을 즐기라고 말해 주었다. 진흙 속의 돼지처럼, 그 속에서 뒹굴라는 것이다. 시도해 보기로 했다.

증오가 누그러지기 시작했다. 증오의 감정을 받아들이고, 릴리안이 말한 것처럼 아무런 죄책감 없이 그 안에서 뒹구는 것이다. 그냥 감정일 뿐이다. 내 삶으로 기꺼이 받아들였던 다른 좋은 감정들처럼 진실하고, 순수하며, 정당한 감정. 나에게서 증오가 사라졌다.

나는 이제 더 이상 새로운 감정들을 두려워하지 않는다. 내가 싫어하는 감정들을 다룰 때에는, 그냥 진흙 속의 돼지처럼 즐겁게 그것들과 뒹군다. 그러면 그 감정들은 사라진다.

자궁

아들이 자궁 속에 있을 때에는 돌보기가 훨씬 수월했다.
건방지지도 않았고, 짜증을 부리지도 않았고,
반항적으로 쏟아져 나오는
"싫어!" 소리를 듣지 않아도 됐었다.
나는 아들에게
못되게 굴면 다시 자궁 속으로 들어가게 될 줄 알라고
협박하곤 했었다.
어느 날, 화가 나서 말했다.
"그래 좋아! 너, 발 이리 내놔!"
아들은 방으로 도망갔다.
그 이후로 꽤 오랫동안 조용히 지냈다.

마음과 머리

머리와 관련된 것은 아버지로부터
마음과 관련된 것은 어머니로부터 배웠다.

사람들에게
내가 누구인지
알 수 있게 해 주는
성공과
돈
근사한 차
지적인 토론을 할 수 있는 능력을
아버지로부터 배웠다.

사람들에게
내가 누구인지
느낄 수 있게 해 주는
마음을
어머니로부터 배웠다.

행복

어머니는 늘
이렇게 말씀하셨다.
"행복해야 해."
들을 때마다
왠지 좀 바보 같고,
가벼운 말이라고 생각했었다.

그러나
어머니가 늘 말씀하셨던
그 단순한 진리가
얼마나 훌륭한 것이었는지
이제는
안다.

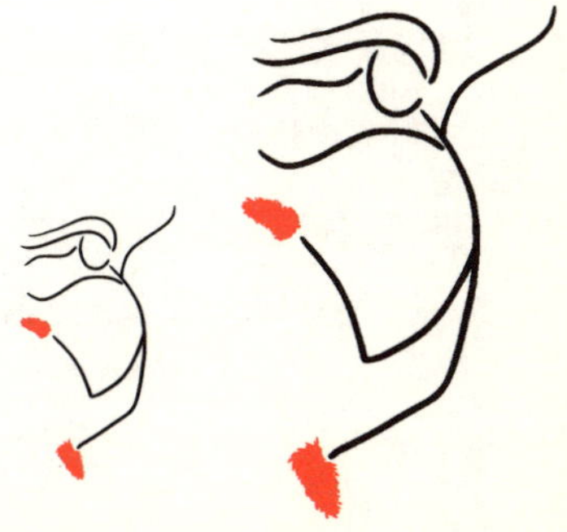

내 이름은 조앤이다

온 세상이 쾌활해지는 햇살 밝은 날이면 그녀를 볼 수가 있다. 그녀는 거리를 방황한다. 마을 사람들은 그녀를 그냥 '집 없는 여자' 라고 부른다. 그녀의 이름도 모르고, 또 물어볼 생각도 하지 않는다.

그녀의 머리는 헝클어져 있었고, 폭탄 맞은 별처럼 머리카락이 온 사방으로 삐져나와 있었다. 세파를 견딘 강인한 얼굴을 하고 있었지만, '선탠' 을 한 것과는 거리가 멀었다. 피부는 물에 떠내려가는 나무 빛깔처럼 거무죽죽했다.

그녀가 태어났을 때 그녀의 어머니도 그녀에게 아기들에게 들려주는 사랑스러운 말들을 속삭여 주었을 것이다. 가족들과 친구들이 새로 태어난 아기를 보러 찾아오고, 그녀가 얼마나 예쁜지에 대해 다들 한 마디씩 했을 것이다.

그녀도 어딘가에 아이가 있을지 모른다. 집도 있고, 개도 기르고, 주방은 반짝였을 것이며, 저녁이면 퇴근해서 돌아오는 남편이 있었을 것이다. 아마도 그녀는 남편을 기다리며 저녁을 준비했을 것이다. 분명히 그녀도 한때는 사랑을 했을 것이다.

그런데 어느 날, 갈라진 틈 사이로 빠져 버렸다. 그 틈새는 너무 깊어서 빠져나올 수가 없었다. 그녀는 다만 그 틈새에 빠지지 않고 걸어 다니는 위쪽 사람들을 올려다 볼 수 있을 뿐이었다.

가끔 부자들이 그녀에게 돈을 주기도 했다. 그들은 돈을 줄 때면 꼭 한 마디씩 했다. "이 돈으로 가서 뭔가 따뜻한 걸 사 먹도록 해요." 그러나 그녀는 거의 그렇게 하지 않았다. 그녀에게 돈을 주는 사람들은 대개는 가난한 사람들이었다. 그들은 아무런 훈계도 하지 않는다.

그녀는 안경을 쓰고 있다. 안경은 늘 뿌옇다. 누군가가 그녀에게 주었을 텐데, 그것이 적절한 처방전에 의한 것인지는 의문이다. 입은 옷은 헤져서 너덜거린다. 그녀는 물건들을 쓰레기통에서 구한다. 그녀에게서는 가끔씩 장 나떼향수 – 옮긴이의 냄새가 날 때도 있고, 아닐 때도 있다. 이빨은 빠져 있다. 아주 잠깐 동안이긴 하지만 그녀는 이따금씩 자신이 틈새에 빠져 있다는 것을 잊고 미소를 짓는다. 그녀가 웃으면, 빠진 이 사이로 지나간 기억의 단편들이 반영된 것 같은 기쁨의 빛이 환하게 흘러나온다. 잠이 들면 틀림없이 그녀도 꿈을 꿀 것이다. 좋았던 순간들로 짜인 근사한 꿈. 과거의 눈부셨던 순간들 그리고 행운과 행복이 가득한 미래에 대한 즐거운 꿈.

그녀는 부자들이 사는 동네인 캘리포니아의 로스 가토스 뒷골목에서 산다. 부자들과 그녀 사이에 얼마나 현격한 차이가 있는지 그녀는 잘 알고 있다. 그녀가 틈새로 빠져 버렸다는 것도 아주 잘 알고 있다. 그리고 틈새에 빠진 사람에게도 이름이 있다는 것을 알고 있다.

그녀의 이름은…… 조앤이다.

죄 1

레슬리는 더 이상
죄를 지을 수 없다고 말했다.
그녀는 지나치게 많은 돈을 모았고,
주머니가 불룩했다.

그래서
죄짓지 않는
새로운 삶을
살기로 결심했다.

죄 2

레슬리가 또 말했다.

다른 사람들과 '함께' 하고 싶은데,

아무도 그녀에게 공을 던져 주려 하지 않는다고

그래서 그녀는

그냥 공을 가로채서

달리기로 했다.

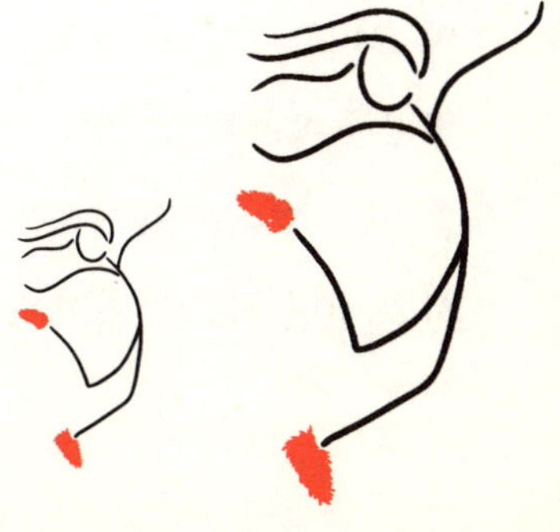

두 친구

두 친구가 있었다. 한 친구는 나이가 들면서 점점 더 깐깐해졌다. 그녀는 삶의 규칙들을 수집했고, 정말 많이도 모았다. 그 규칙들은 그녀의 삶을 쥐어짜서 점점 더 작아지게 만들었다. 그녀는 손바닥만해져서, 들고 다닐 수 있을 만큼 작은 그녀의 삶을 사랑했다.

그녀는 회색빛이 감도는 흰색이나 검정색, 갈색, 아니면 특정한 푸른 빛깔의 옷만을 입었다. 빨간색은 절대 입지 않았다. 그녀에게는 '결정된 색깔' 이 있었다. 빨간색은 받아들여지지 않았다. 그녀는 매달 셋째 주 목요일 퇴근 후에만 제공되는 '서비스 타임' 음료를 마시기 위해 친구를 만나곤 했다. 그렇지 않으면 비 안 오는 수요일이나, 바람 불지 않는 금요일 밤에 만났다. 그녀는 그들이 만나는 장소가 4마일이 넘는 곳이면 가지 않았다.

다른 친구는 나이를 먹어가면서 깐깐함이 줄어들었다. 그녀의 옷장에는 그녀에게는 어울리지 않는 색인 걸 그녀도 잘 아는 연두색을 포함해서 온갖 종류의 색이 존재한다. 그녀는 신경 쓰지 않았다. 옷을 입을 때 그녀는 자신이 어떻게 보일까가 아니라 기분이 어떤가에 따라 색을 골랐다. 특히 빨간색을 좋아했다. 그녀에게는 '결정된 색깔' 같은 건 없었다. 그녀는 좋아하는 색을 잃어버리는 모험은 하고 싶지 않았고, 사실 어떤 색도 버리고 싶지 않았다.

그녀의 일상은 과거에 마약을 복용했던 사람을 포함해서 예술가, 매춘부, 상원의원 그리고 판사와 같은 다양한 사람들과의 모임으로 꽉 짜여 있었다. 그녀의 삶은 다양성과 혼돈, 그리고 재미로 가득했다.

깐깐한 친구는 그녀처럼 규칙을 수집하는 다른 깐깐한 사람들에게 둘러싸여 있었다. 그들은 모두 일을 하는 사람들이었다. 그들은 업무 중에는 항상 정장을 입고 있었다. 비번일 때에는 다림질한 청바지를 입고, 닳지 않아서 새것처럼 보이는 테니스 신발을 신었다. 그녀의 삶은 제어하기 쉽고, 미래가 없으며, 무미건조했다.

어느 날, 두 친구의 우정은 그 현격한 차이를 더 이상 견뎌낼 수가 없어 깨져 버렸다.

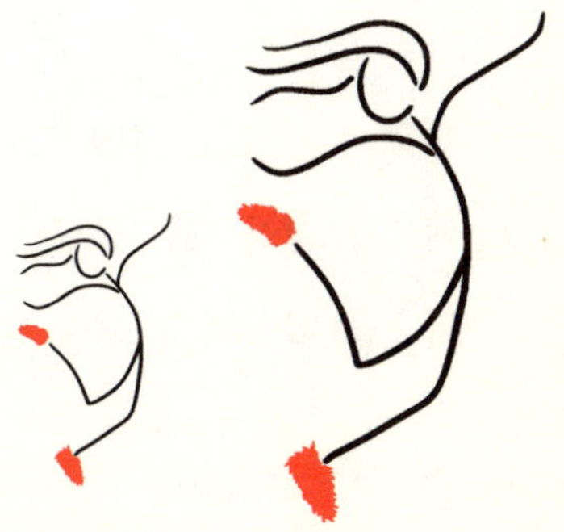

심술부리는 남자

캔더스는 그가 이미 탁월한 예술가였을 때 그를 만났다. 그는 좋은 사람이었다. 그는 지진이 일어났던 캘리포니아의 로마 프리에타에 살았다. 지진이 발생했을 때 그는 자신이 소유한 모든 것을 잃었다. 가구며, 개인적인 소지품들 그리고 그림들이 파손되었다. 그의 삶은 완전히 망가졌다.

캔더스는 그가 어려운 시기를 보낼 때부터 그를 지켜보았다. 그는 그림 그리는 일을 중단했다. 그는 나쁜 사람은 아니었다. 그렇다고 좋은 사람도 아니었다. 그는 8년 동안 아무 일도 하지 않고 지냈다.

9년째 되는 해에 그는 그렇게 지내는 일이 지겨워졌는지 아니면 그 지옥에서 영원히 자신을 잃게 될까 봐 두려웠는지 모르지만, 그 속에서 빠져나오기 시작했다.

캔더스는 그녀가 근무하는 직장에 그의 일자리를 마련해 주었다. 그는 교사가 되었으며, 때때로 육체적인 학대를 경험했던 10대들을 상담하는 일을 했다.

그는 학생들이 비뚤어진 길을 가지 않도록, 그리고 마음의 빈 공간을 채울 수 있도록 다양하게 외부 환경을 색칠하는 법을 가르쳤다. 그들에게 희망의 색인 라벤더 빛으로 마음을 칠하는 법을 알려 주었다. 두려움을 없애고 그들의 창조성을 사용할 수 있게 해 줌으로써 새로운 방식으로 생각하는 법을 가르쳐 주었다. 학생들에게 고도의 정신적 집중을 통해 수정 구슬을 줄의 끝부분으로 움직이게 하는 법을 가르쳤고, 그들처럼 길들여지지 않은 아름다운 것들을, 길들여지지 않은 아름다운 그림으로 그리는 법을 가르쳤다. 그들의 능력이 빛을 발하도록 도움을 주었다. 학생들은 그를 사랑했고, 그는 다시 선량한 사람이 되었다.

캔더스는 가끔씩 그에게 다시 그림을 그리라고 말했다. 그는 못 들은 척했다. 그러던 어느 날 초저녁 무렵, 그녀가 늦게까지 일을 하고 있었는데 그가 전화를 했다. 학교에 중요한 서류를 두고 왔는데, 집으로 돌아가는 길에 그걸 좀 가져다 줄 수 있겠냐는 것이었다. 그녀는 그렇게 하겠다고 대답했다. 그가 산속에 살고 있다는 것은 알고 있었지만, 그의 집에는 한 번도 가 본 적이 없었다. 그래서 그녀는 서류를 챙겨들고, 조심스럽게 그가 일러준 대로 길을 찾아갔다.

깊은 숲 속에서 갑자기 이상한 불빛과 마주칠 때까지 구불구불한 산길을 돌며 여기저기 상처를 입었다. 그녀는 숲을 일렁이게 만드는 그 섬뜩한 빛이 무엇인지 알아보려고 천천히 내려갔다. 그리고 그 깜빡이는 불빛이 어디에서 나오는 것인지 알게 되자 그만 놀라서 입이 벌어졌다.

그는 숲 속에 집을 지었다. 건물은 아니었지만, 정말 집이 있었다. 나무 꼭대기를 이어 지붕으로 삼았고, 솔잎으로 카펫을 깔았다. 숲 속에 있는 모든 틈새와 나무둥치들마다 수백 개의 양초가 끼워져 있었고, 부드러운 산들바람에 초 하나하나가 마치 주위의 풍경을 핥듯이 넘실대며 빛을 발하고 있었다.

그 개척지의 바로 중앙에 '거실' 이 있었다. 넓고 편안한 팔걸이와 높고 우아한 등받이가 있는 속을 꽉 채운 두 개의 의자가 마주 놓여 있었다. 핏빛 벨벳으로 의자의 커버를 씌우고, 스페인 금화 빛깔이 나는 비단 천 베개를 놓아 악센트를 주었다. 의자 앞에는 우아한 넝쿨 모양으로 잘 다듬어진 금속으로 만든 받침 위에 두꺼운 사각 유리를 올려놓은 칵테일 테이블이 있었다. 나뭇잎 몇 장이 솜씨를 부린 듯 유리 위에 떨어져 있었다.

'침실' 에는 호두나무로 만든 아주 세련된 킹사이즈의 슬레이 베드머리와 다리 쪽의 판자가 썰매처럼 바깥쪽으로 말려 있는 침대 – 옮긴이가 있었다. 침대 위에는 황록색과 금색으로 무늬를 넣은 랄프 로렌의 이불이 덮여 있었다. 그리고 커다란 삼나무 옆으로는 손으로 그림을 그려 넣은 프랑스식 옷장이 서 있었다. 옷장과 나란히 자작나무 가지로 만든 이젤이 놓여 있었고, 그 이젤에는 숲 속의 집을 그린 굉장히 멋진 그림이 걸려 있었다.

스테레오에서 섬세하게 흘러나오는 비발디의 사계가 숲을 음악으로 씻어 주고 있었다. 바로 그때 그가 나와서 그녀를 반갑게 맞으며, 이곳에서 여름을 보내고 있다고 설명해 주었다. 그리고 그녀가 전에는 마셔 본 적이 없는 최고의 마티니를 그녀에게 대접했다.

그녀는 그의 어려운 시기가 완전히 끝이 났음을 알았다. 이 멋진 남자는 다시 한 번 자기 자신을 되찾았다.

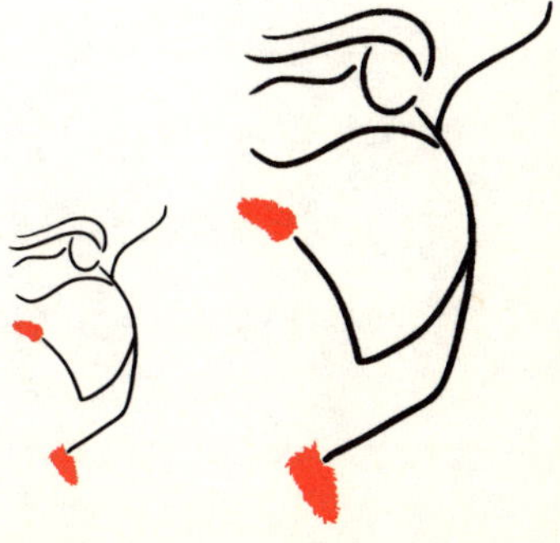

너를 놓아줄게

'블루' 는 우리가 키우던 고양이의 이름이다. 스물네 살, 고양이치곤 나이가 많았다. 내 결혼 기간보다도 더 오래 살았다. 나는 그 고양이를 사랑했다.

어느 날 블루가 몹시 아프기 시작했다. 나는 블루가 죽어가고 있음을 알았다. 수의사에게 데려갔더니 그도 내 진단이 옳다고 말했다. 가능한 한 편안하게 해 주고 기다리는 것 이외에는 달리 할 수 있는 일이 없었다. 며칠이 지났다. 그 나이 든 고양이는 죽음을 거부하며 버티고 있었다.

어느 날 밤, 블루를 쓰다듬어 주다가 요기Yogi의 자서전에서 읽은 이야기가 생각났다. 파람한사 요가난다Paramhansa Yogananda의 생애에 관한 이야기였다. 파람한사가 어렸을 때 어미를 잃은 어린 사슴을 발견했다. 그는 사슴을 돌봐주었고, 사슴은 자라 한결같은 동료이자 친구가 되었다.

몇 년이 지나 사슴은 블루처럼 몹시 아팠고, 죽기를 거부했다. 사슴은 슬프고도 고집스러운 의지로 삶에 매달렸다. 그러던 어느 날 밤, 파람한사의 꿈에 사슴이 나타났다. 그는 소년에게 죽음을 맞이할 준비가 되었으며, 새로운 모험을 떠날 준비도 되어 있는데, 소년의 사랑이 그를 세상에 묶어 두고 있다고 말했다. 파람한사를 사랑하지만 떠나야 할 때가 되었으니 자기를 놓아 달라고 부탁했다. 소년은 잠에서 깨어나 눈물을 글썽이며 친구를 안고 이렇게 말했다.

"이제 너를 놓아 줄게."

그날 밤 사슴이 죽었다.

왠지 나를 재촉하는 듯한 파람한사의 이야기를 기억하며, 나는 블루를 안고 이제 놓아 준다고, 다음의 즐거운 모험으로 보내 준다고 말했다.

또 며칠이 지났다. 블루의 상태는 악화되었지만 여전히 죽음을 맞으려 하지 않았으며, 힘겹게 살아 있었다.

블루를 놓아 주어야 하는 건 나 혼자만이 아닐 수도 있다는 생각이 들었다. 나는 여덟 살 난 아들 토비에게 파람한사와 사슴의 이야기를 들려주었다. 토비는 블루를 부드럽게 끌어안고 말했다.

"이제 너를 놓아 줄게."

그날 밤 블루는 세상을 떠났다.

시간이 흐르고 우리의 눈물도 말랐다. 하루는 할머니가 오셨는데, 할머니와 토비는 심하게 다퉜다. 토비가 눈을 똑바로 뜨고 그녀를 바라보며 말했다.

"할머니를 놓아 드릴게요."

나는 깜짝 놀라 토비를 바라보았다. 그는 한쪽 눈을 살짝 깜빡이고는 "농담이에요." 하고 말했다. 물론 할머니는 무슨 일이 일어났는지 모르고 계셨다. 어쨌든 그다지 현명하다고는 할 수 없는 여덟 살짜리 소년이, 자신이 삶과 죽음을 좌우할 수 있는 권능을 가지고 있다고 생각했던 것이다.

이제 토비는 스물세 살이다. 그리고 나는 그 애가 그 후로 누군가에게 '놓아 줄게.' 라고 하지 않았다는 사실이 기쁘다.

우리는 가끔씩 블루를 생각하며 그리워한다.

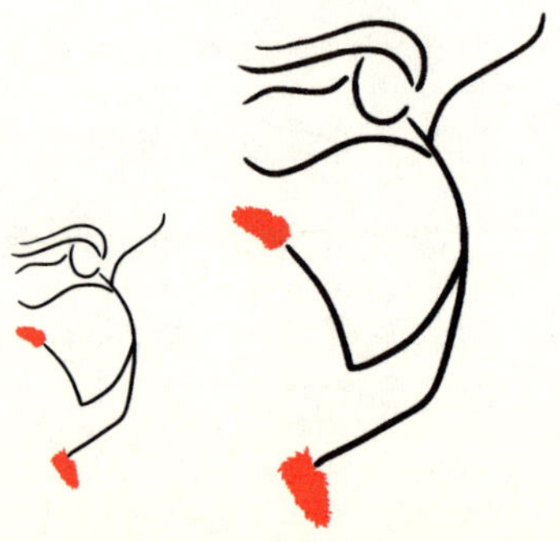

식료품 가게에서

나에게 아이가 생기기 전에, 식료품 가게에서 어떤 여자를 본 적이 있다. 그 여자의 아이는 걷잡을 수 없이 짜증을 내며 소리를 질러대고 있었다. 그때는 이렇게 생각했다.

"왜 애를 저 지경이 되도록 놔두는 걸까?"

그런데, 나에게도 아이가 생겼다.

나도 식료품 가게에 갔다. 나의 귀여운 천사는 계속 소름끼치는 비명을 지르며, 유난히 눈에 띄게 발작을 일으키곤 했다. 그리고 변함없이, 아직 아이가 없는 여자, 내가 한때 생각했었던 것처럼 이 작은 짐승들을 잘 다룰 수 있다고 오해하는 여자를 만났다. 그 여자는 내가 전에 다른 여자를 바라보았던 것과 똑같은 눈빛으로 나를 바라보았다. 그 눈빛은 이렇게 말하고 있었다.

"왜 애를 저 지경이 되도록 놔두고 있는 거예요?"

나는 무례인 줄 알면서도 뒤돌아 그녀를 쳐다보았다. 그리고는 어쩔 수 없다는 뜻으로 어깨를 으쓱했다.

오래 살다 보면, 삶이 되돌아와 우리의 엉덩이를 깨물 때가 있다.

크리스마스 편지

크리스마스에 친구들로부터 엄청난 양의 편지를 받을 때마다 나는 내 인생이 뭔가 잘못됐다는 느낌을 갖게 된다. 그들이 말하는 삶은 너무나 완벽하다. 상을 타오는 품행 단정한 아이들과 직장에서 승진한 남편, 골프장이 내려다보이는 근사한 집, 그리고 외국으로 떠나는 휴가. 어느 해에 나는 내 삶이 어떻게 돌아가고 있는지 솔직하게 말하기 위해, 그리고 그들의 삶이 얼마나 근사한지를 느끼게 해 주기 위해 크리스마스 편지라는 형식의 '선물'을 친구들 모두에게 보냈다.

사랑하는 가족과 친구들에게

음, 크리스마스가 다가오고, 나는 다시 한 번 스스로를 발견하게 돼. 크리스마스 쇼핑도 끝냈고, 나무도 장식했고, 그리고 돈을 너무 많이 썼네.

×날은 저물어가고, 돈은 부족한 날

카르멘

카르멘은 담배를 끊었다

그렇군!

×실제로 끊었다. 하지만 3년째 금연 껌을 씹고 있다. 극장이나 레스

토랑뿐 아니라 샤워부스 안에서도, 그리고 건강식품 가게 안에서도 껌을 씹고 있다. 그녀는 금연 껌을 끊기 위해 마약 치료 프로그램의 도움을 받아 볼까 생각 중이다.

__그런데 카르멘이 누구지?

카르멘의 광고 회사

번창하고 있다. 이제 그녀는 스무 명의 직원을 거느리고, 그다지 점잖지 않은 비싼 디자이너의 옷을 입는다.

도산했다. 카르멘은 이제 집도 없이 자유를 즐긴다.

불경기에도 영향을 받지 않았다.

×'힘든' 시기가 있었다. 그러나 지금은 상당히 나아졌다(1년간 그녀의 집을 담보로 대출을 받았다는 사실을 생각하면 누군가는 상당히 나아졌다는 말의 분명한 정의를 요구할지도 모르겠다).

카르멘에게는 애인이 있다

애인. 그래, 맞다.

×그래, 애인이 있다! 그의 이름은 글렌이고, 자기가 엑타르 행성 출신이라고 생각한다는 점만 빼면, 지극히 평범한 남자이다.

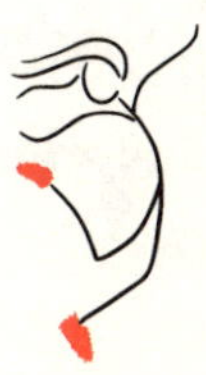

글렌의 가족

카르멘의 가족들처럼 바보들은 아니다.

×글렌이 엑타르 행성 출신이라고 생각하지 않는다.

카르멘의 머리 색깔

×정말 자연스럽게 머리카락이 온통 빨갛게 변했다. 동시에 회색은 신기하게 사라졌다. 그런데 그녀의 눈썹과 '보이지 않는 곳' 이 왜 여전히 갈색인지는 아무도 모른다.

누가 관심이나 있겠어?

카르멘은 늙어가고 있다

우아하고 품위 있게

우아함과 품위, 그래 맞아.

그런 것들을 거부한다.

×기적이야! 스물다섯 살 때 맹렬히 일을 시작한 이후로는 나이를 안 먹는다.

카르멘은

'나이에 맞게' 멋있어 보인다(나는 이런 표현이 싫다).

"도와주세요. 눈꺼풀이 쓰러졌는데, 일어나질 않아요."

립스틱이 입술의 주름을 따라 옆으로 번질까 봐 립 라이너를 쓴다.

×그런데, 오늘 날씨가 어떻더라?

카르멘은 체중이 늘었다

'비쩍 마른 카르멘' 이 살이 쪘다고? 절대 아냐.

적당히 보기 좋아.

사실은 뚱뚱해.

×이런, 날씨하고는!

나의 아들 토비

토비는

우등생 명단에 올라 있어.

×레슬링에서 'A' 를 받았어.

토비가 누구냐고?

토비는 친구와 함께 12m나 되는 리무진을 빌려 귀여운 여자 친구를 데리고, 난생 처음 반 정장 차림으로 참석해야 하는 대관식 무도회에 턱시도를 입고 갔다. 그리고

얼굴에 여드름이 잔뜩 난 어른 같다.

볼썽사나워 보인다.

×오! 너무 잘생겼어.

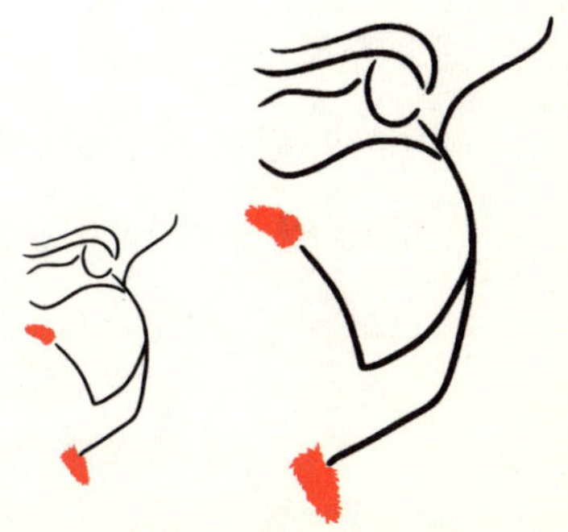

나머지 가족들

어머니

드디어 준 클리버June cleaver, 미국의 현모양처 – 옮긴이 같은 정상적인 엄마로 돌아왔고, 이제는 빵도 굽는다.

스페인 백작과 사랑에 빠져 남부 스페인에 있는 성에 사신다.

×다른 행성에서 오신 것이 분명하다. 그럼에도 불구하고 우리는 그녀를 사랑한다(나는 양녀인 것이 확실하다).

아버지

운동을 시작하셨고, 체중을 줄였으며, 클래식 피아노를 배우고 계신다.

그가 세상을 떠났다는 것은 날조된 말이고, 사실은 브라질에서 원주민 소녀와 행복하게 살고 계신다.

×사실은 돌아가셨다. 그러나 우리의 마음속에 항상 살아 계시고, 이 크리스마스 편지에 담기고 싶어 하신다(아버지, 사랑해요).

큰오빠 조니

×엄마와 같은 행성 출신이다.

그의 딸 질. 눈에 넣어도 안 아플 만큼 소중하지는 않다.

×그의 사랑스러운 아내 마릴린. 조니 만큼이나 평범하다.

× '이방인의 풍습' 에 완전히 빠져서 자기를 '후앙' 이라고 부른다. 여전히 히피처럼 입는다거나, 70년대에 그가 했던 것과 똑같은 가죽 벨트를 매지는 않는다.

평균적인 사람이다.

×그러나 사실은 정말 기묘한 사람이며, 이상한 사람이었고 그리고 앞으로도 항상 불가사의한 사람으로 남아 있을 것이다.

여동생 픽시

×어머니가 '정상적' 으로 되어가는 만큼씩, 매일 '정상적' 이 되어가고 있다.

남편 데이비드와 함께 주택 건설 회사를 소유하고 있다. 그들의 사업은 불경기에도 흔들림이 없다.

그리고

아이가 둘이다. 테일러와 도미니는 정말 말을 잘 들을 뿐 아니라, 말대꾸도 안 한다. 그 아이들의 유일한 소망은 부모를 기쁘게 해 주는 것이다.

×여전히 어른인 체하려고 애쓰며, 이제는 자기를 '마리아' 라고 부른다.

날마다 젊어지는 것 같다.

픽시가 누구지? 그녀는 불순물 제거제와 같다.

애완동물들

루퍼스, 바셋 하운드다리가 짧은 사냥개 - 옮긴이

×만지면 손에서 고약한 냄새가 난다.

×집 안에 오줌을 싼다.

아주 순하고, 번개처럼 빨리 달릴 수 있다.

블루, 스무 살 된 고양이(사람 나이로)

여전히 활달하고, 나이를 먹었어도 까다롭지 않다.

×마약 파는 여자의 비쩍 마른 고양이 버전이다.

베이비, 앵무새

카르멘에게 아기가 있었나?

×언제나 카르멘을 문다.

×자기 방의 대부분을 아주 성공적으로 물어뜯어 놓았다. 그래, 그는 자기 방을 갖고 있다.

모르모트들

아주 작은 자전거를 타도록 훈련받았다.

×항상 우리 속에서만 살고 있으며, 토비의 방에서 악취가 나게 한다 (그들은 자기 방이 없다).

크리스마스

크리스마스는

욕조를 놔두고 해변으로 가는 때이다.

국기를 내걸고 폭죽을 터트리는 때이다.

×크리스마스 캐럴에 맞춰, 누군가에게 '생일 축하 노래'를 불러 주는 때이다.

드디어, 결론

카르멘과 그녀의 가족들

노먼 록웰Norman Rockwell 미국인이 가장 사랑하는 일러스트레이터. 그의 그림에는 웃음과 해학이 있다 – 옮긴이의 그림과 비슷한 우아하고, 품위 있고, 조화로운 삶을 살고 있다.

×모두 잘 해 나가고 있다. 이 말은 우리 앞에 다가오는 놀라움과 실망과 즐거움이 있는 삶을 있는 그대로 받아들이고 있다는 의미이며, 항상 그 속에서 재미와 기쁨을 발견한다는 의미이다.

여러분 모두에게, 메리 크리스마스!

"먹고, 마시고, 즐겨라.

더 많이 사랑하라.

그럴 만한 가치가 있다."

사랑하는 카르멘, 토비, 그리고

집 안에 있는 모든 작은 생명들이 드림.

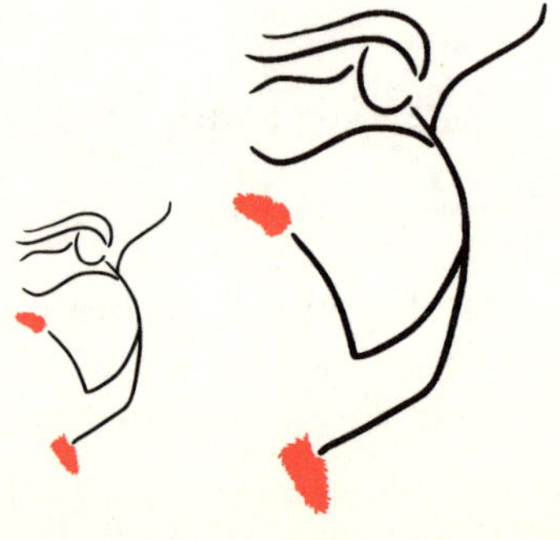

제2장

모던 댄스 ; 현실의 세계

모던 댄스는 사회의 흐름에 따라 그 모습이 바뀐다. 빠르고, 열정적이며, 항상 변화하는 춤이다. 스텝은 일시적일 뿐 오래 지속되지 않는다. 오늘의 스텝을 대신하기 위해 길모퉁이에서 기다리고 있는 내일의 스텝과 함께 유행에 따라 수시로 변화한다. 예전에 유행했던 춤의 스텝들은 힘을 잃는다. 우리는 때때로 어지러워질 때까지 돌고 또 돈다. 그리고 아직도 내일의 흥미진진하고 새로운 스텝의 가르침을 기다리며 계속 춤추고 있다.

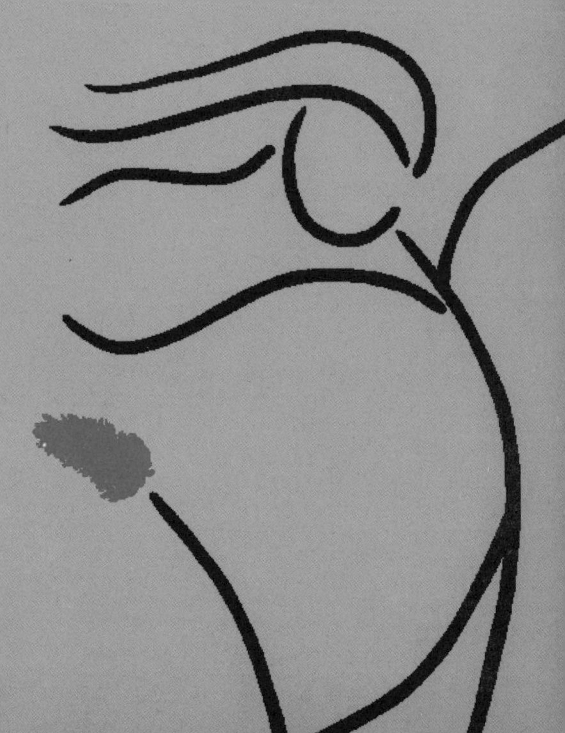

30분간의 여유

우연히 땅 위에 드러누워 있는 '30분' 을 발견했다. 나는 몸을 굽혀 그것을 주워 주머니에 넣었다. 그걸로 무엇을 해야 할지 알 수가 없었다. 슬픔에 잠겨 외로움을 느끼며 보낼까, 아니면 그것으로 할 수 있는 일이 무엇이 있을지 생각해 보고, 그런 생각을 한다는 것을 자책하며 보낼까. 하지만 그냥 '그것' 과 함께 밖에 앉아 있기로 했다.

해가 지기 시작했고, 참새들은 커다란 참나무 가지 위에서 서로 자리를 차지하려고 오락가락 다투며 바쁘게 재잘댔다. 이 나무는 그들의 서식처였다. 그들은 밤을 보내기 위해 나뭇가지에 자리를 잡고 있었다. 지빠귀 한 마리가 어리석은 참새들을 비웃었다. 지빠귀는 잠들 가지가 필요하지 않았던 것이다. 바람이 불자 곧게 뻗은 소나무들이 발레리나의 팔 같은 뾰족한 가지를 구부렸다.

나의 앵무새 '베이비' 가 해바라기 씨를 까먹으며 내 어깨 위에 앉았다. 포만감에 다리를 깃털 속에 접어 올리고, 빰에 난 깃털을 부리 옆으로 부채처럼 폈다. 앵무새는 내가 발견한 이 특별한 30분을 함께 하자고 초대한 것에 만족하고 행복해 했다.

두 사람이 자전거를 타고 우리 옆을 지나 도로를 질주해 갔다. 그들의 휴대용 CD플레이어에서는 자연의 평화로운 소리를 침범하는 요란한 음악이 쏟아져 나왔다. 가끔씩 어딘가에서 출발하여 다른 곳으로 이동하는 사람들이 차를 몰고 지나갔다. 차가 지나갈 때마다, 나는 그들이 아무 데도 가지 않고 30분간의 여유를 즐기며 앉아 있는 나를 보았는지 궁금했다.

자연의 여러 형상들이 길고 어두운 그림자를 잔디 위로 드리웠다. 해가 지자 그 형상들은 기품 있게 변했다. 그림자들은 기우는 해를 따라 천천히 움직였다. 그리고 나는 무엇이 어떻게 바뀌었는지는 볼 수 있었지만, 그 변화하는 과정을 볼 수는 없었다.

나의 인생에 대해 생각했다. 나 또한 변했다는 것을 알 수 있었지만 그 과정을 알 수는 없었다. 나는 폭풍우가 치거나 햇살이 빛나는, 늘 다르지만 언제나 흥미로운 날에 잠에서 깨어났다. 매일 매일이 새로웠다. 그리고 때로는 이 새로운 날이 땅 위에 누워 있는 특별한 30분을 가져다준다.

색깔들

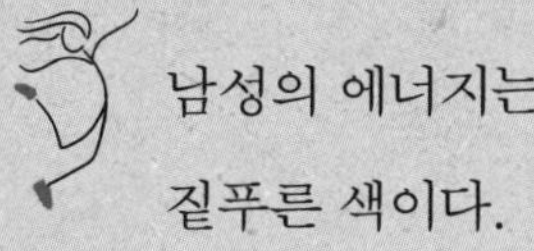

남성의 에너지는

짙푸른 색이다.

그러나

여성의 에너지는

놀랍게도,

분홍색이 아니다.

그것은

짙푸른 색과 분홍색이 섞인

자주색이다.

사람들의 생각과는 달리

여성들은

푸른색이 되려고 애쓰지 않는다.

오히려 자주색이 되려고 한다.

한때,

푸른색이 되고 싶어 했던

여성들이 있었던 것은 사실이다.

그리고 그것은 남성들을 당황하게 만들었다.

하지만 사실,

우리들 대부분은

우리들 자신인

사랑스러운 자주색이 되고 싶을 뿐이다.

어떻게 볼 것인가?

누군가가
사물의 겉만 훑어보는 시간을 줄이고,
내면을 더 오래 들여다보아야 한다고
말한 적이 있었던가?

아니라면,
누군가는 꼭 말해야 한다.

착각

'책을 출판하는 법' 이라는 강의를 듣기 위해 1시간 30분이나 운전을 했다. 도착하고 난 후에야 날짜를 잘못 알고 갔다는 사실을 알았다. 어리석은 내 자신을 탓하며, 화장실에 갔다. 'Women' 이라는 단어에서 W가 떨어져 나가 'omen어떤 조짐을 뜻하는 말 – 옮긴이' 이 되어버린 팻말을 보았다. 정말 그런 것 같은 느낌이 들었다.

그날 밤 나는 듣고 싶은 강좌들을 찾아보며 강의 시간표를 확인했다. 금연법 강좌가 있었다. 아니, 나에게는 금연 껌이 있어. 스트레스를 푸는 방법에 대한 강의도 있었다. 이것도 아냐, 내 스트레스는 결국 나와 친구가 되었는걸. 마침내 수강할 강좌를 찾았다. 양자물리학과 정신, 그래……, 이건 괜찮을 거야.

그 강좌를 듣기로 했다. 나는 새로운 과학 이론들이 신의 존재를 증명하려는 시도를 하고 있다는 지루한 강의를 세 시간 동안이나 들으며 끝까지 앉아 있었다. 내가 알아낸 것은 더 이상 신의 존재를 증명하기 위해 과학이 필요하지 않다는 것이었다. 오히려 과학의 실재를 증명해 줄 신이 필요했다.

그리고 가끔 여자화장실 문에 붙은 팻말에 'W' 가 빠져 있더라도, 그건 그냥 'W' 자가 떨어져 나간 것일 뿐이라는 것도 알게 되었다.

하지 말아야 할 것들

웃음이 나올 때는 참지 마라.
심장마비를 일으킨다.

바람이 불어오는 쪽을 향해 침을 뱉지 마라.
왜 그런지는 당신도 알고 있다.

칭찬하는 말을 불신하지 마라.
불신하려는 마음과 싸워라. 그리고 믿어라.

누군가 당신에게 "널 사랑해."라고 말하면 의심하지 마라.
듣기 어려운 말이다. 그리고 사실일지도 모른다.

다른 사람에게 "당신은 날 사랑하지 않아"라고 말하지 마라.
그 사람이 당신의 말을 믿을 수도 있다.

혼자서는 사랑에 빠지지 마라.

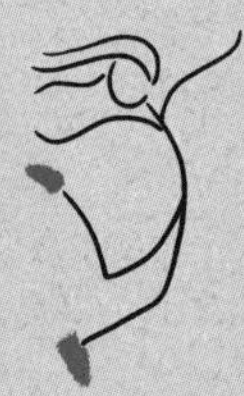

너무 오랫동안 지나치게 슬퍼하지 마라.

헤어나지 못할 수도 있다.

행복을 억누르지 마라.
당신이 바보같이 보일지라도.

당신 스스로를 어리석다고 말하지 마라.
사람들이 믿을 수도 있다.

사과할 때는 '그러나' 라는 말을 사용하지 마라.

정직하게 대답하지 마라.
친구가 볼품없는 드레스를 입고 어떠냐고 물어 올 경우에는.

왁스칠이 안 된 바닥을 솔로 문질러 닦지 마라.
당신의 플라스틱 안경알을 닦을 때도 마찬가지다.

상점의 쇼윈도에 비치는 당신의 모습을 바라보기 위해
멈춰 서지 마라.

차 안에서 코를 후비지 마라.

사람들이 볼 수도 있다.

사람들을 함부로 고소하지 마라.
삶은 변칙적이며, 모든 재난이 다 비난받아야만 하는 것은 아니다(그게 바로 사전에 '우연' 이라는 단어가 있는 이유이다).

좋아하지 않는 책을 끝까지 읽지 마라.

좋아하지도 않는 초콜릿 사탕을 끝까지 먹지 마라.
한입 먹고, 상자에 도로 넣어 두어라.

너무 소수의 편에 서서 생각하지 마라.

당신이 한 일을 없애려고 하지 마라.
어쨌든, 취소할 수 없는 일이다.

사전도 없이 오르되브르전채 요리 - 옮긴이의 철자를 말하지 마라.

당신이 사랑하지 않는 사람에 대해서는 말하지 마라.
차라리 다른 걸 말하라.

초대받지 않은 곳에 너무 오래 머물지 마라.

"행복하게 살기를 바란다."라고 말하는 사람의 말은 듣지 마라.
그것은 빈정대는 것이다.

흐름

한번은 누군가가
흐름을 따르라고 말한 적이
있었다.

어머나,
흐름이라는 것이 있었어?

카페 마르셀라에서의 점심

세상 물정을 모르는 중년의 한 쌍이 있었다.

남자는 비쩍 말랐고, 몸에 딱 붙는 그다지 비싸 보이지 않는 짙은 푸른색의 스웨터를 입고 있었다. 대머리 이쪽저쪽으로 머리카락이 몇 가닥 삐져나와 있었다. 그의 코끝에는 금속 테두리의 두꺼운 안경이 걸려 있었고, 안경 때문에 그의 눈이 비정상적으로 커 보였다.

여자도 역시 안경을 쓰고 있었다. 분명히 거북이 색깔은 아니었고, 평범한 갈색의 얇고 빛이 바랜 플라스틱 테였다. 그녀는 말 그대로 파란색 정장을 입고 있었는데, 아주 파랗지는 않았다. 그것은 밝은 파랑도, 짙은 파랑도, 하늘색도, 부드러운 파랑도 아니었고, 그렇다고 짙은 남색도 아니었다. 뭐라고 설명하기 어려운 파란색이었다. 그것은 거의 파란색이었는데, 진짜 파란색이라고 하기에는 용기가 결여되어 있는 색이었다.

입고 있는 일자 라인의 옷은 평범했다. 꽃무늬 면 블라우스의 작은 꽃잎들 속에도 그 거의 파란색이 미세하게 들어가 있었다. 귀에는 검정 마노 귀걸이가 대롱대롱 매달려 있었는데, 그녀가 머리를 살짝 움직이기만 해도 추가 움직이는 것처럼 심하게 흔들렸다. 보브 스타일로 짧게 자른 머리는 가운데 가르마를 탔고, 가지런히 자른 앞머리는 안경의 윗부분까지 내려와 있었다. 아기처럼 가늘고, 힘없는 머리카락은 부드러운 갈색이었다.
나는 그녀가 과학자나 사서라고 생각했다. 남자는 분명히 엔지니어거나 아니면 과학을 하는 사람일 것이다. 두 사람의 대화는 조금도 어색하거나 끊어지지 않았다. 그들의 대화는 흥미롭게 진행되었다. 추진력이 있었고, 재미있었다. 그들은 서로 대화하는 것을 즐거워했으며, 서로를 좋아하고 있었다. 그들에게는 생동감이 있었다.
샴페인을 가져오자 남자는 병을 확인하고, 여자는 프랑스 인 웨이터와 이야기를 나누며 웃었다. 큰 소리로 웃었다. 그러자 다른 손님들은 그녀가 무슨 은밀한 규칙을 깨기라도 한 것처럼 그녀를 쳐다보았다. 그녀는 그들이 불만스럽게 흘낏 쳐다보는 것을 알아차리지 못했다. 그녀는 프랑스 인 웨이터와 불어로 이야기하기 시작했다. 남자는 그녀의 유창한 불어가 자랑스러운 듯 입가에 환한 미소를 짓고 있었다.
이 근사하고, 격식을 차리지는 않지만 품위 있는 레스토랑에서는 손님들도 우아하고, 품위 있고, 훌륭했다. 그들은 대화와 몸놀림과 옷차림을 통해서, 이 시대의 사교적 예의범절이 요구하는 모든 것에 동참하고 있다는 것을 보여 주고 있었다. 그들은 최신 유행을 본능적으로 자각하고 있었다. 그들의 옷과 행동, 말투는 유행하는 경향에 대한 그들의 이해를 대변하고 있었다. 그들 대부분은 지루하고 단조로운 얼굴을 하고 있다가 이따금씩 가늘고 인색한 미소를 지었다. 기쁨을 표현하고 싶을 때는 마치 웃음을 삼킨 것처럼 목에서 조용한 소리를 냈다. 그들은 크게 소리 내어 웃지 않았다.

그러나 그 한 쌍은 다른 손님들과는 달랐다. 마음속 깊은 곳까지 따뜻해지며, 그들을 존경하는 마음이 우러났다. 다른 사람들과는 달리 그들은 자신의 마음을 상대방에게 표현하고 싶어 했다. 그들은 더 이상 자신들이 응원단에 뽑혔는지, 축구팀의 일원이 되었는지 따위는 개의치 않았다. 그러나 다른 사람들은 팀의 일원이 되고 싶은 욕망의 그물에 사로잡혀 있었다. 그들은 여전히 군중 속의 일부가 되어, 인기를 얻으려고 애쓰고 있었다. 아마도 그들은 그 대가가 돌처럼 굳어진 꿈일 뿐이라는 사실을 깨닫지 못했을 것이다. 그들의 억제된 웃음은 고등학교에나 남아 있을 꿈을 희생하고서 얻은 것이다.

선글라스

선글라스를 샀다. 상당히 세련된 것이었고, 그걸 쓰면 멋있어 보였다.

그런데 한 가지 문제가 있었다. 렌즈가 연한 갈색이었던 것이다. 그것은 하늘도 나무도 갈색으로 만들었고 갈색 스모그는 더 갈색이 되었다. 나는 렌즈 색깔이 하늘을 더 파랗게 만들어 주고, 나무는 더 짙은 푸른빛이 섞인 녹색이 되게 하는, 원래 하늘이 그래야 하는 것처럼 스모그까지도 파랗게 만드는, 좀 더 유쾌한 색이었으면 했다.

나는 스스로에게 진지하게 질문했다.

"내가 세상을 보는 것과 세상이 나를 보는 것 중에서 무엇이 더 중요한가?"

선글라스의 렌즈를 연한 파란색으로 바꾸었다.

그러나 답이 없는 그 의문은 한동안 계속되었다.

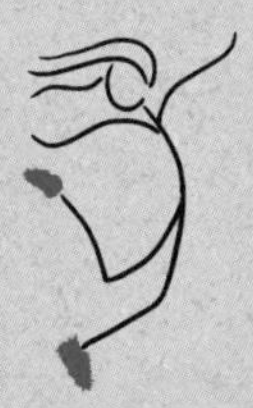

장난감

장난감이라면 사족을 못 쓰는 그는
다른 사람들이 그것을 가지고 놀 때,
지켜보기 위해 모았다.

돈

땅에 떨어진 돈을 발견하고
그것을 주워 든 남자를 만났다.
"왜냐하면,"
그는 말했다.
"정부의 재산이기 때문이지."

나도 돈을 주웠다.
왜냐하면
나는 그것을
천사가 어디에나 있다는 것을
우리에게 알려 주기 위해
떨어뜨려 놓은 표적으로
보았기 때문이다.

보그 파티

나는 항상
여자들이
보그 지에 나오는 옷을 입고 참석하는
내가 전혀 모르는 파티가 있을 것이라는
생각을 했었다.

나는
그 낯설고
아름다운 옷을
입은 사람을
한 번도 본 적이 없었다.
그러니 나 같은 사람들은 초대받지 못한,
보그 패션으로 차려입은
여자들이 모이는
비밀스럽고 근사한 파티가
있어야만 했다.

어느 날,

아침의 삽화

아침에 몇 페이지, 책을 쓰기 위한 글쓰기 연습. 비 오는 일요일 아침이었다. 카푸치노 한 잔을 들고, 내 앞에 놓인 종이와 준비된 펜으로 위대한 문학 작품이 될지도 모르는 글을 쓰기 위해, 아니면 적어도 어지간히 괜찮은 작품을 쓸 준비를 하고 소파에 앉았다. 글을 쓰기 시작하자 그 페이지는 생각의 묘목으로부터 싹트기 시작하는 일련의 언어에 대한 희망을 보여주기 시작했다.

그런데 초인종이 울린다. 아들의 친구들이 그의 차 안에 두고 간 CD를 찾고 있다. 이번에는 전화벨이 울린다. 어머니가 크리스마스 때 여동생을 만날 수 있을지 알고 싶어 하신다. 앵무새 '베이비'는 해바라기씨를 달라고 비명을 지르기 시작한다. 로물루스는 크리스마스 나무에 다리를 올린다. 그리고 오줌을 싼다. 토비가 일어나 베이컨이 어디에 있는지, 달걀은 어디에 있는지, 빵은 어디에 있는지 물어온다. 나는 일어나서 그에게 아침을 챙겨 준다.

마침내 토비가 나가고 동물들은 조용해진다. 나는 다시 앉아 글을 쓰기 시작한다. 그러나 훌륭한 글을 위해 준비했던 모든 생각들이 다 사라져 버렸다. 아침에 먹고 난 설거지들이 산더미처럼 쌓여 있는 것을 보면서, 나는 위대한 사람들이 이러한 현실에 직면해서 어떻게 그 위대한 일들을 이루었는지 궁금해진다.

보그 지를 훑어보다가
놀랍게도
지난주에 세일할 때 내가 산 것과
똑같은 블라우스를 발견했다.

그 순간 깨달았다.
비밀스럽고 근사한 파티는 없었다.
만일 그런 것이 있었다면,
나는 벌써 그 파티에 가 있어야 했다.

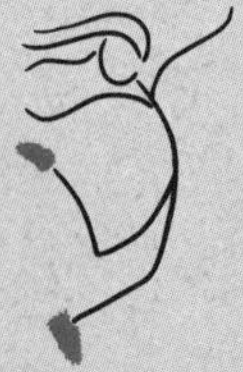

어떤 날

왜 어떤 날에는 모두가 나를 원하고, 내 주변에 있고 싶어 하고, 내 삶의 일부가 되고 싶어 하는 것처럼 여겨질까. 그런데 왜 어떤 날에는 옷을 다 벗어던지고 거리를 달릴 수도 있는데, 아무도 나에게 눈길 한 번 주지 않는 것일까?

나에게는, 항상 같은 날들이다. 혹시 내가 어떤 날에는 보이고 어떤 날에는 완전히 안 보이는 어떤 기 같은 것을 갖고 있는 것은 아닐까? 아니면 눈에 띄는 날에는 내가 다른 사람에게 좋은 향기를 내뿜어서, 마치 개에게만 들리는 호루라기 소리라도 들은 것처럼 그들이 내게 끌리는 건 아닐까? 내가 날마다 달라지는 이유를 알 수만 있다면, 나는 날마다 그리고 영원히 매력 있는 사람이 될 수 있을 텐데.

슬픔이 없다면 기쁨을 알 수 없고, 전쟁이 없다면 평화를 알 수 없고, 고통이 없으면 행복을 알 수 없다는 말이 있다. 그래서 나 자신에게 물었다. 만일 내가 날마다 그리고 영원히 사람들이 만나고 싶어서 안달하는 그런 사람이라면, 어쩌다가 눈에 띄는 그 날이 그렇게 흥미로울 수 있을까?

그러나 나는 탐색을 계속한다.

도로 표지판

중대한 결정을 할 때마다, 그녀는 도로 표지판에 주의를 기울인다.

이따금씩 양보 표시가 나타나면, 그것은 뒤로 물러서서 다른 사람을 먼저 보내야만 한다는 뜻이다. 어떤 때에는 길이 만난다는 표지판이 앞에 나타난다. 그러면 그녀는 다른 사람과 타협해야 한다는 것을 안다. 멈춤 표지판에는 아주 분명한 메시지가 있다. '하지 말라' 는 뜻이다. 노란불은 특히 성공과 관련해서 '신중하게 진행하라' 는 의미이다. 초록불이 계속되면 그것은 '전속력으로 앞으로 나아가라' 는 뜻이다. 어린이가 놀고 있다는 표시는 약간 애매하긴 하지만 대개는 그냥 사람들이 그녀의 감정을 가지고 희롱하고 있다는 의미이다.

비록 친구들이 어리석다고 생각하는 그런 견해에 기초해서 중대한 결정을 내리기는 했지만 그녀의 인생은 썩 괜찮았다. 실수를 할 때면, 그녀는 단지 표지판들을 올바로 읽지 못했기 때문이라고 생각했다.

집과 아이들과 동물들을 돌볼 필요가 없었을 것이라는 생각이 든다. 아마도 정신을 산만하게 하는 시시콜콜한 일들과 싸우지 않아도 되었을 것이다. 그들은 곧장 핵심에 접근할 수 있는 능력을 타고 났을지도 모르고, 챙겨야 할 자질구레한 문제도 많지 않을지 모른다.

그러나 나에게 선택권이 주어진다고 하더라도 나는 별로 중요하지 않은 것들로 가득한 이 삶을 선택할 것이다. 여기에는 나의 글에 영감을 주는 실재하는 삶의 사소한 것들이 놓여 있기 때문이다. 다양한 사건들이 내 삶에 뿌려 놓은 혼란스러운 여러 가지 것들은 나에게 색채와 깊이와 균형 잡힌 시각을 주었다.

곧장 핵심에 접근하는 글도 삶에 따뜻함을 제공할 수는 있겠지만, 그것은 일부분에 불과할 것이다. 그 글에는 사소한 것들 속에 감추어져 있는 풍부하고도 따뜻한 이야기들을 담을 수 없게 될 것이다.

나는 가족들과 친구들과 동물들이 조용한 그 시간, 즉 시간과 시간들 사이의 틈새에 나의 창조성을 넣어둘 것이다. 그 조용한 시간에 혼돈과 동요의 조각들을 주워 모을 것이다. 그리고 평범한 삶의 자질구레한 일상 속에서 살아가는 평범한 여자의 넓고 직관적인 시각에서만 나올 수 있는 따뜻함과 열정과 사랑의 모자이크를 만들 것이다.

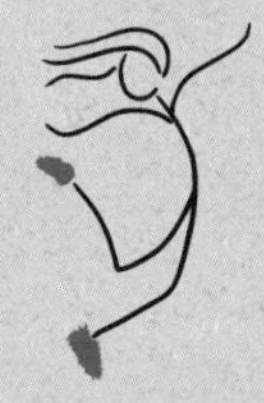

새해의 결심

나는 더 크게 꿈꿀 것이다.

나는 부드럽게 화낼 것이다.

나는 모든 사람들 안에 있는 아름다움과 경이로움을 보기 위해서 노력할 것이다.

나는 내 안에 있는 아름다움과 경이로움도 더 잘 알기 위해서 노력할 것이다.

나는 나의 능력을 좋은 일에 사용하도록 노력할 것이다.

나는 장래를 대비해서 신중하게 자선을 행할 것이다.

나는 큰소리로 웃을 것이며, 웃고 싶을 때는 그곳이 도서관이나 박물관이라 할지라도 웃을 것이다.

나는 다른 사람을 사랑하되 나의 중심을 지킬 것이다.

나는 체중을 줄이는 쉽고 편한 방법을 찾아낼 것이다.

나는 빚에서 벗어나는 쉽고 편한 방법을 찾아낼 것이다.

나는 내가 좋아하는 것을 할 수 있는 많은 돈을 벌 것이다.

나는 나와는 다른 사람들을 존중하고, 그들에게 경의를 표할 것이다.

나는 다른 사람과는 다른 나를 존중하고 경의를 가질 것이다.

나는 이루기 어려운 꿈을 위해 열심히 일을 할 것이다.

나는 시야는 넓히고, 화는 덜 내고, 속눈썹은 길게 늘일 것이다.

나는 더 좋은

엄마가

딸이

언니가

친구가

애인이

사람이

카르멘이

될 것이다.

나는 기회가 있을 때마다 마술을 펼칠 것이다.

나는 기회가 있을 때마다 사랑을 할 것이다.

나는 금연 껌을 줄일 것이다. 그리고 어쩌면 끊을 것이다.

나는 이제 샴푸는 그만 사 모으고, 더 완벽한 두발 관리 제품을 찾아낼 것이다.

가짜

꽃이 너무나 예쁘면
우리는 꼭 가짜 같다고
말한다.

정말 이상한 일이다.

거기에 있어라

만약에 사람들이 당신에게
"너는 몽상가야."
"너는 현실 감각이 없어."
"너는 지나치게 낙천적이야."라고 말하거든

그들에게 꺼지라고 말해라.

세상은 지금 당신이 필요하다.
거기 그대로 있어라

삶

나는
너무, 먹고 사는 일이
피곤하다.

나는
자유롭게 ……………………………………………………………
……………………………………………………………………
……………………………………………………………………
……………………………………………………………………
……………………………………………………………………
……………………………………………………… 살고 싶다.

살다 보면

인생을 살다 보면
발에 안 맞는 신발을 신고 지내는 것처럼
불운한 때가 있다.

그럴 때에는
다음 계절에는 더 나은 스타일의
구두를 신게 되길 바라면서
그냥 견뎌야 한다.

대중

당신의 기준을 놓아두고
대중이 좋아하고 바라고 생각하는 것을 선택하는 것은
평범한 것을 택하는 것이다.

더 높이 있는 것을 선택하라.

만약에 누군가가

만약에 누군가가
"그건 사실이 아니야." 라고 비명을 지른다면
아마 그럴 것이다.

만약에 누군가가
"난 상관 안 해." 라고 소리친다면
그들은 아마 그렇게 할 것이다.

만약에 누군가가
"당신을 사랑해." 라고 소리친다면
아마 그럴 것이다.

만약에 누군가가
당신의 귀에 대고 소문을 속삭인다면
아마 그것은 사실이 아닐 것이다.

만약에 누군가가
밝은 대낮에

강하고 진실한 목소리로
소문에 대해 이야기한다면
그것은 진실일 것이다.

만약에 누군가가
한낮에 차분한 목소리로
"당신을 사랑해."라고 속삭인다면
아마도 진실일 것이다.

만약에 누군가가
벗은 채 누워서
"당신을 사랑해."라고 말한다면
그것은 진실일 수도 아닐 수도 있다.
그가 벗은 채 일어나 앉아서 말한다면
그건 아마도 진실일 것이다.
벗은 채로 사랑이 아닌
다른 주제를 말한다면
대개는 진실일 것이다.

만약에 누군가가

울면서 무엇인가를 말한다면
그건 아마도 진실일 것이다.
그러나 그게 여자라면
진실이 아닐 수도 있다.
어떤 여자는
거짓으로 우는 법을 알고 있기 때문이다.

만약에 누군가가
자신의 거짓말을 믿고 있다면
당신은 절대로 그것이 거짓이라고
말할 수 없을 것이다.

만약에 누군가가
말하면서 한 번도
눈을 깜빡이지 않는다면
……
모르겠다.

인생의 반

메리어트 법인의 메리어트 씨는
"나는 내 광고 업무의 반은 알고 반은 모른다.
나는 정말 다른 반쪽이
어떻게 진행되고 있는지 진행되고는 있는지조차 모른다."
라고 말한 적이 있다.

나도 내 인생에 대해
비슷한 느낌을 가지고 있다.
인생의 반은 내 통제 하에 있다.
그러나 나머지 반은 임의의 것이다.
나도
나의 통제를 받지 않는
나머지 반에 대해서
알지 못한다.

그래서 나는 모든 것을 통제하려고 노력한다.
물론, 그때에도 단지 50%만이
효과가 있다.

계획

'이해할 줄 아는 남자' 라는 새 책을
쓰려고 한다.

약 200페이지에 달할 것이다.

물론, 페이지는 모두
비어 있을 것이다.

비판

나는 비판이나 비난을 아주 좋아하는 사람은 아니다. 그 이유는 다음과 같다.

사람들은 항상 '나는 너에게 아주 건설적인 비판을 하고 있다' 라고 말한다. 건설적인 비판이라는 것은 무엇인가? 또 누구에 의해 정의된 말인가? 나는 대부분의 비판이 파괴적이라는 것을 잘 알고 있다. 모두가 다 그런 것은 아니지만 그러나 확실히 대부분은 그렇다. 건설적인 비판과 파괴적인 비판은 그 표현 양식이 다르다. 그리고 당신이 그것을 받아들일 때에도 다르게 느껴진다.

잘 표현되기만 한다면 건설적인 비판은 받아들일 때 편안하게 느껴질 것이다. 그것은 당신이 더 나아지기 위해 활용할 수 있는 정보이며, 또한 변화시킬 수 있는 어떤 것이다. 그러한 비판은 당신이 더 넓어진 것처럼 느끼게 해 주기도 한다. 건설적인 비판은 그것을 전하는 사람에게 대단한 재능을 요구한다. 내가 갖지 못한, 그리고 내가 만난 대부분의 사람들 또한 갖고 있지 못한 재능이다.

파괴적인 비판은 인식하기가 쉽다. 그것은 기분을 나쁘게 만든다. 당신을 파괴한다. 당신이 쪼그라들어 작아진 것처럼 느껴지게 한다.

비판의 타당성은 비판을 하는 사람에게 상당히 영향을 받는다. 그들의 의견은 들을 만한 가치가 있는가? 그들이 당신에 대해 판단할 능력이 있다고 믿을 정도로 그들을 존경하고, 사랑하는가, 또는 감탄하는가? 어떤 부분을 긍정하고, 어떤 부분을 부정할 것인가? 나는 대부분의 경우에 부정한다. 그러나 내가 그들의 의견을 마음으로 받아들일 때는 긍정적으로 답한다.

비판을 하는 방식도 아주 중요하다. 지적이면서도 마음에서 우러나온 것이라면 무리 없이 받아들여질 것이다. 그러한 비판은 사람의 감정을 해치지 않는다. 지적이긴 하지만 마음에서 우러나지 않은 비평이라면, 듣지 않는 것이 좋다. 마음에서 우러난 비판이지만 지혜가 없다면 그냥 상냥하게 받아 주어라.

그러나 다시 말하지만 듣지는 말아야 한다. 거기에는 타당성이 없다. 그러나 그냥 '던지는' 비판이 아니라, 무엇인가를 '제안하는' 비판이라면 거기에는 주의를 기울여라. 두 가지 비판 사이에는 미세하지만 중요한 차이가 있다. '던지는' 비판은 뭔가가 당신의 목 안으로 마구 밀어 넣어지는 느낌이지만, '제안하는' 비판은 당신이 받아들이든지 받아들이지 않든지 간에 수월하게 제공되는 느낌이 들 것이다.

만일 사람들이 나에게 비판을 하고 싶어 한다면, 비판이라는 것을 겨우 알 수 있을 정도로 그들이 쓸 수 있는 가장 부드러운 단어를 사용해서 완곡한 말로 표현해야 한다는 것을 그들에게 알려 주고 싶다. 우리 대부분은 비판에 대해 아주 민감하게 반응한다. 게다가 그것이 크게 도움이 되지도 않는다. 건설적인 비판은 올바른 것이어야만 한다. 그들이 변화시킬 수 없는 것을 가지고 누군가를 비판하는 것은 정말 떳떳치 못한 일이다.

비판은 상처를 주지 않는 방식으로 표현되어야 한다. 대부분의 사람들처럼 나는 나에게 상처를 주는 것을 거부한다. 정말로 나를 닫아 버린다. 지나치게 가혹한 비판이라면 나는 듣지 않을 것이다. 그리고 사실 그런 비판을 하는 사람은 내가 내 자신에 대해서 (그리고 아마도 그들에 대해서도) 나쁜 감정을 갖도록 만드는 것 이외에는 아무것도 함께 하려고 하지 않을 것이다.

끝으로 나는 정말 대단한 가치를 가진 비판이라는 것이 있는지 확신할 수 없다. 가장 훌륭하고 건설적인 비판이라고 하더라도, 비판에는 너무나 많은 기준이 있기 때문이다. 우리들 대부분은 그런 일을 잘 할 만큼 충분히 숙련되지도 않았다. 우리가 자신의 능력보다도 자신이 가진 부정적인 양상에 더 초점을 맞춘다면, 우리가 아닌 것에게 과도한 시간과 에너지를 쏟아 부음으로써 우리 자신이라는 훌륭한 선물을 축소하게 될 것이다.

우리가 자신의 능력에 초점을 맞춘다면 나약함은 떨어져 나간다고 한다. 그래서 나는 당신을 지지해 주는 사람에게 관심을 갖고, 다른 사람들은 멀리 하라고 말하고 싶다.

기어 변환

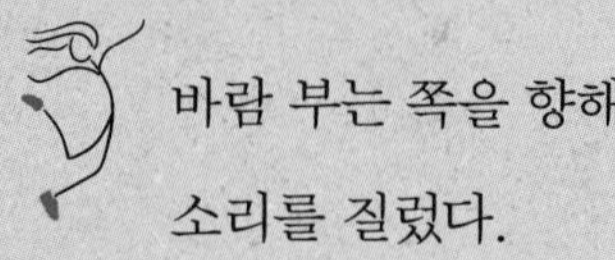

바람 부는 쪽을 향해
소리를 질렀다.

그 소리들이 내 입 속으로
다시 들어온다.
아무도 듣지 못하고,
나는 그것을 삼킨다.

나는 파티에
초대받지 않은 손님이다.
지나치게 치장을 했다.
지나치게 빛이 난다.
나는 그 자리에 어울리지 않는다.

모든 사람들이
검정색 옷을 입는 파티에서
나는 흰 옷을 차려 입는다.
모든 사람들이

흰색 옷을 입는 파티에서는
검정색 옷을 입는다.
한 번도 제대로 맞추지 못한다.

나는
영광스럽고도 완벽한
인생에
부어오른 뾰루지이다.

시를 쓸 때는
말이 너무 많고,
소설을 쓸 때는
너무 적다.

끼- 기- 기- 기- 긱
기어를 바꾸는 소리.

사실,
바람 부는 쪽으로 고함을 치고
그것을 스스로의 입 속에

붙들어 두는 것은
아주 놀라운 재주이다.
비명에도
풍미가 있다.
맛도 아주 좋다.

초대받지 않은 손님이지만
내가 여기에 있다면,
나도 초대받은 게 분명하다.

아주 빛나는 존재와는
거리가 멀지만,
사실 누가 진짜
빛나는 존재일 수 있겠는가?

흰 옷을 입는 파티에서
검정색 옷을 입는 것,
그리고
검정색 옷을 입는 파티에서
흰 옷을 입는 것은

다른 관점에서 보면
단색의 행사에
꽤 괜찮은 악센트를 주는 것이다.

그리고 아마도 나는
뾰루지가 아니라
완벽하다는 것이 얼마나 지루한지
상기시키는
흥미로운 모반母斑일 것이다.

너무 말이 많거나
너무 말이 적은 것이
문학적 양식에 맞지 않는다면
내가 새로운 문학의 양식을 만들 것이다.

가을 – 낮

가을이다. 잠이 덜 깬 채 일어났다. 나무와 꽃들이 아직 잠들어 있을 때 나는 하루를 시작하고, 가을이 엮어 놓은 졸음의 거미줄 속을 걸어간다. 나는 일어나야 하고 출근을 해야 한다. 날마다 시작되는 하루에 섞여야만 하고, 참여해야만 한다. 나무들과 식물들은 봄을 위해 생명의 에너지를 비축하며, 서서히 안으로, 그리고 아래로 성장한다. 이제 그들은 잠든다.

인간인 나는 인간의 규범과 인간의 행동 양식에 종속된다. 졸음이 오는 가을에도 깨어나는 봄과 똑같은 열정을 가지고 일을 해야만 한다. 자연에 배치되는 것이다. 나는 축축하고 어두운 동굴로 기어들어가 곰과 함께 동면하고 싶다. 테디 베어의 털을 베개로 삼고 그 따뜻함 속에 몸을 웅크리고 싶다. 그러나 그건 안 돼. 나는 일을 하러 간다. 너– 무 너– 무 졸린다.

만약에 사람들이 묻는다면

가게에서 판매원을 고되게 하는 손님들을 뒤로 한 채, 줄을 서 있었다. 촌스러운 중년 여자가 지난 주 세일 가격으로 열 켤레의 팬티스타킹을 사려고 씨름을 하는 중이었다.

판매원은 할인은 지난주의 행사였고, 더 이상 그 할인 가격은 적용되지 않는다고 정중하게 말했다. 그러자 그 여자는 지난주에는 가게에 올 수가 없었다고 말했다. 독감을 앓았기 때문에 집에서 나올 수가 없었다는 것이다. 그녀는 팬티스타킹에 할인 가격을 적용해야 한다고 우겼다. 판매원은 여자에게 미안해 하며 다시 한 번 할인 가격으로 팔 수가 없다고 말했다. 그것은 그 가게의 규정에 위배되는 것이었고 그녀는 곤경에 빠졌다. 금전 등록기에는 그 품목이 할인 가격으로 기록되어 있지도 않았다.

그 여자는 매니저를 만나겠다고 요구했지만 매니저는 자리에 없었다. 저녁 식사를 하려고 가게에서 나갔기 때문이다. 그 여자는 소리를 지르기 시작했고, 안절부절못하며 얼굴이 빨개진 작은 판매원에게 욕설을 퍼부었다. 상황은 몇 분 동안 계속되었고, 여자의 목소리는 점점 더 커져만 갔다. 점원은 울기 시작했다.

나는 그렇게 전개되는 상황을 지켜보며 서 있었다. 그런데 그 여자가 갑자기 나를 돌아보더니 말했다.

"뭘 쳐다보는 거야?"

나는 주저 없이 말했다.

"멍청이!"

그 여자는 벌컥 화를 내더니 씩씩거리며 가게에서 나갔다. 판매원이 나에게 고맙다고 인사를 했다. 그 후로 나는 누군가 나에게 입에 발린 질문을 해 올 때마다 진실을 대답해 주겠다고 마음먹었다.

나는 이런 사람을 믿지 않는다

개를 싫어하는 사람

개가 싫어하는 사람

친구가 없는 사람

친구가 너무 많은 사람

절대 불평하지 않는 사람

항상 불평하는 사람

절대 심술부리지 않는 사람

심술궂은데도 그것을 인정하지 않는 사람

개를 좋아하지만 고양이는 싫어하는 사람

고양이는 좋아하는데 개는 싫어하는 사람

절대 화내지 않는 사람

'미치겠다' 는 말 대신 '화난다' 고 말하는 사람

피부가 너무 흰 사람

절대 나와 다투지 않는 사람

항상 나와 다투는 사람

늘 '결코 안 해' 라는 말을 쓰는 사람

늘 '항상' 이라는 말을 쓰는 사람

아이들을 '어린이들' 이라고 부르는 사람

사랑하지 않는 사람

증오하지 않는 사람(수녀들 빼고)

사랑이라는 말에 인색한 사람

친구를 포함해서 다른 사람들을 전혀 질투하거나 시기하지 않는 사람

동물이나 아기들에게 어리석고, 높은 목소리로 이야기하지 않는 사람

늘 '적당한' 사람

'적당한' 이라는 단어를 사용하는 사람

소리 내어 웃지 않고 낄낄거리며 숨죽여 웃는 사람

싸워 본 적이 없는 사람

싸움을 '의견의 불일치' 라고 말하는 사람

적어도 뭔가 훌륭한 일을 해 보고 싶어 하지 않는 사람

그리고

부모와 싸우지 않는 십대들

마약에 중독되어 있는 사람들

부모가 그들의 가장 좋은 친구라는 사람들

사랑에 빠진 사람들

사랑에 빠진 나

학생들을 '여러분' 이라고 부르며, "여러분, 자리에 앉아 주세요." 라고 말하는 선생님들

섹스를 싫어하는 여자들

성 문제로 고민하지 않는 남자들

그러나 대개는 사람을 믿지 않는 사람들을 신뢰하지 않는다.

리츠칼튼 호텔에서

나는 지금 사업상의 일로 여기 캘리포니아 파사데나에 있는 리츠칼튼 호텔에 있다. 내 고객 중 한 명의 카탈로그 인쇄를 맡은 규모가 큰 출판사에서 묵을 곳을 정해 주고 비용도 지불했다. 그들은 인쇄물의 상태를 점검받기 위해 나를 비행기에 태워 이리로 데려왔다. 와인을 마시고 저녁을 먹는 중이다.

나는 다음 일을 기다리면서, '바' 에 앉아 있다. 이 바는 상당히 수준이 높고, 아주 훌륭하다. 그냥 '바' 라고 부르는데, 더 이상의 설명이 필요 없다.

불과 몇 시간 전과는 너무 대조적이라는 생각을 한다. 내가 집이라고 부르는 교외에 있는 깨끗하지 못한 곳에서 나는 개똥을 치우고, 고양이를 내쫓고, 십대들이 싸우기 좋아하는 것들(사실, 모든 것들)을 가지고 아들과 다툰다.

내 나일론 양말의 뒤꿈치에 크게 난 구멍이 느껴진다. 그 헤진 곳이 수명을 다 해 끊어져 버리지 않을까, 다리까지 쭉 올이 나가지 않을까 걱정이 된다. 이 여행을 준비하기 전으로 생각이 거슬러 올라갔다. 내가 나일론 양말을 신고 주방 바닥을 가로질러 갈 때, 양말에 밥풀 덩어리가 달라붙었다. 그것을 떼어 내려고 애쓰다가, 양말에 구멍을 낸 것이다.

집에 대해 그리 오래 생각하지는 않았다.

리츠칼튼 호텔은 로스앤젤레스의 중심가에 위치해 있다. 이 비밀스러운 작은 지역은 계급 체계가 아직도 건재하다는 것을 우리들에게 상기시켜 준다. 나는 기쁘다. 아버지는 모든 인간은 정말로 평등하게 창조되었지만, 몇몇 사람은 남들보다 조금 더 우월하다고 말씀하시곤 했다. 여기가 바로 평등 이상의 것을 제공하는 장소이다.

바의 바로 밖에 있는 넓고 위엄이 있는 복도는 샹들리에로 장식되어 있다. 복도의 오른쪽으로는 그곳을 천천히 거니는 손님들에게 햇살을 비춰 주는 프랑스식 문들이 줄지어 있다. 복도의 다른 편에는 르네상스풍의 그림들이 걸려 있다.

회랑은 조금도 인공적으로 보이지 않았다. 회랑은 죽 이어져서 일정한 규칙 없이 배열된 색색의 꽃들과 열대 양치류들을 훑어 볼 수 있는 정원을 에워싸고 있었다. 그 정원의 자연스러움은 아주 세심하게 만들어진 것이다. 정원용으로 개량된 이국적인 꽃들이 피어 있다. 정원은 도회적인 분위기를 풍기기는 했지만 부유함을 가장하거나, 신흥부자들이 종종 보여 주는 외형적 거만함은 없었다. 손님들이 여유 있는 걸음걸이로 정원의 통로를 한가로이 거닌다. 급한 일도, 당황해서 허둥대는 일도, 서두르는 일도 없다. 누구나 서두를 필요가 없는 곳이다. 방금 꽃을 피운 난초들이 손님들이 지나칠 때마다 대담하고도 신선한 얼굴로 활짝 미소를 짓는다.

바는 어두운 빛깔의 조각된 나무로 마감이 되어 있는데, 아마도 마호가니인 것 같다. 나는 비싼 보르도 포도주를 찔끔찔끔 마시며 그 체험을 기록하고 적어 두기 위해 로코코 양식으로 조각된 테이블에 앉아 있다. 테이블 위에는 전등이 놓여 있는데, 아주 광택이 나는 나무로 만들어졌고 꽃병 모양으로 생겼다. 나는 불을 켜지 않았다. 이 부티나는 바에 혼자 앉아 글을 쓰고 있다는 게 약간 겸연쩍게 느껴진다. 마치 내 모습이 영화 대본에 쓰이고 있는 것 같은 별난 느낌이 든다.

몇 분이 지나자 내 앞에 놓인 불이 켜졌다. 그들이 글을 쓰고 있는 나를 보았던 것이다. 점점 어두워졌고, 나에게 불이 필요할 거라고 생각한 것이다. 그들은 나를 방해하고 싶지는 않았지만 내가 불도 안 켜고 어둡게 앉아 있는 것도 바라지 않았다. 텔레파시 능력은 리츠 호텔 종업원들이 갖춰야 할 필수 조건임에 틀림이 없다. 아니면 적어도 손님이 원하는 것이 무엇인지를 알아차리는 직관과 요구하기 전에 필요한 것을 해결해 주는 능력이 있어야 하는 것이 분명하다.

내 테이블로 과자가 담긴 쟁반을 가져 왔다. 은쟁반이었는데 리츠 호텔의 로고인 사자의 머리가 부착된 길쭉한 손잡이에 세 개의 작은 그릇이 연결되어 있었다. 그릇 속에는 보통의 바에서 볼 수 있는 보통의 음식물이 아닌 색다른 음식들이 들어 있었다.

바에 다른 사람들보다 더 중요해 보이는 고객 두 쌍이 들어왔다. 매니저가 직접 자리를 안내한다. 작지만 다른 사람들의 시선을 끄는 약간의 소동이 일었다. 그들은 나보다 더 나은 스낵을 제공받는다. 칵테일을 나르는 사람들은 여자들이었는데, 흰색과 검은색의 간소한 프랑스 하녀식의 유니폼을 입고 있다. 치마는 짧지 않았고, 무릎 길이도 적당했다. 그들의 예의범절도 적당했다. 장식도 적당했다. 내 주위에 있는 모든 것들이 다 적당했다. 그러나 놀랍게도 그렇게 따분하지는 않았다.

내가 바에 앉아 있는 동안 사람들이 드나들었다. 그러나 나를 빼고는 아무도 오래 머물지 않았다.

나는 사려 깊게 불평등한 이 조용한 장소에 있는 것이 기쁘다. 이 재미있고 작은 세상에서는 정말 평등한 건 아무것도 없다. 평등함을 가장하는 것은 정직하지 못한 일이다. 나는 날마다 목격하는 부정직함에 진저리가 났었는데, 리츠에 와서 다시 기분이 상쾌해진다. 이곳은 부자들을 위한 고급스러운 장소이며, 부자들 이외의 다른 사람들을 위한 곳이라고 가장하지 않는 정직한 장소이다. 그리고 때로는 나를 위한 곳이다.

제3장

탱고 ; 사랑의 춤

사랑과 열정과 비탄의 춤. 파트너들은 한 치의 간격도 없이
몸을 밀착시키고 춤을 춘다. 마치 하나가 된 것처럼 움직인다.
우리는 사랑의 춤을 춘다. 무릎을 굽혀 인사하고,
돌기도 하고, 상대를 멀리 보냈다가 다시 당기기도 한다. 때로는
그 사랑의 스텝이 얽혀, 넘어지고 쓰러진다. 우리는 발끝으로 춤을 춘다.
발끝이 서로를 밟기도 한다. 그러나 우리는 여전히
다른 어떤 춤보다도 이 춤에 열중하게 된다.

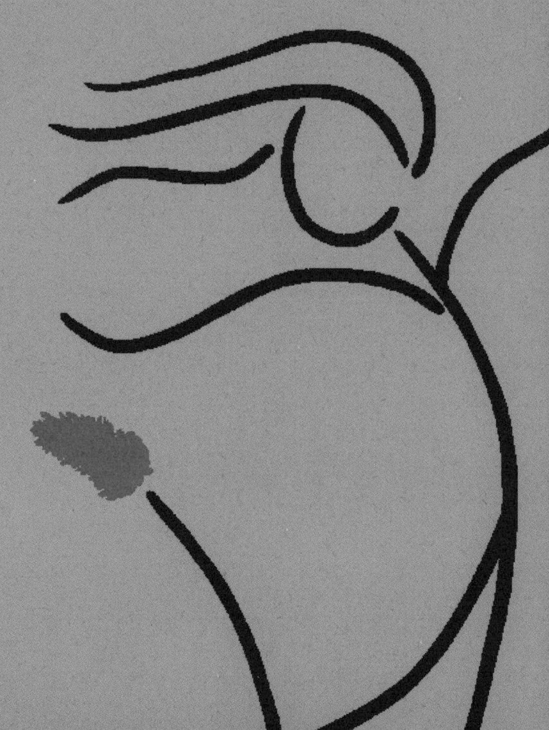

단편 소설

그는 단편 소설이었다.
결말도
재미가 없다.

처음 만났을 때에는
장편 소설처럼 보였다.
그러나 그것은
그랬으면 하는 내 소망이
나를 속인 것이었다.

사랑에 가까운 경험

그는 멋있는 사람이었다.
키가 크고, 피부는 갈색이었다.
물론, 잘생겼다.
그는 내 마음을 두근거리게 했고
그 마음에 날개를 달아 주었다.

파티에서 그를 만났다.
실내는 사람들로 붐볐고,
나는 사람들 위를
떠다니는 느낌이었다.
사람들이 말하는 소리를 들을 수는 있었지만
나는 그 안에 속해 있지 않았다.

그것은
사랑에 가까운 경험이었다.

내가 빛을 향해 표류하고 있을 때
뭔가가 나를 다시 끌어당겼다.

그것은 제정신이었다.

전에도 사랑을 한 적이 있다.
그 사랑은
일종의 광기
즐겁고, 맛있는 광기였다.

나를 손짓해 부르는 아름다운 빛을 향해 계속 가고 싶었다.
그러나 슬프게도
먼저
해야 할 일들이 있었다.
나는 다시 돌아왔다.

여전히
밖에는 사랑이 있다는 것을
나는 알고 있다.

언젠가는
제정신이기를 완전히 포기하고
사랑을 소유하게 될 것이다.

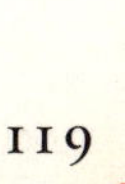

코딱지

어느 날 내 남편이
나를 미치게 했다.
사실, 그가 한 일은
내 감정에 상처를 주는 것이었다.
나는 상처를 받으면
화를 낸다.

그는 회계사였고,
화를 내는 것은 그를 매우
불편하게 만들었다.

나는 한동안 화를
억누르고 있었다.

그날 밤
우리가 잠자리에 들었을 때
나는 그의 베개에 코딱지를
붙여 놓았다.

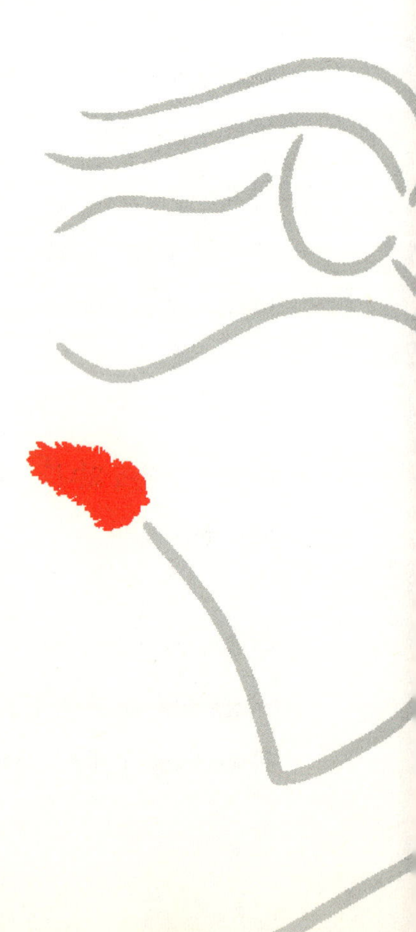

다음날 그는

머리에 코딱지를 붙인 채

회의에 참석했다.

화가 가라앉았다.

피라미드

나의 신념들은 피라미드의 형태로 깔끔하게 쌓여 있었다.

가장 기본적이고, 신뢰할 만한 신념들은 피라미드의 가장 아래에 놓인 돌들이다. 이 돌들은 커다랗고 단단하며, 내가 진실이라고 알고 있는 모든 것의 기초를 형성한다.

이 신념들은 '신은 선하다.' '세상은 둥글다.' 그리고 '사랑은 영원하다.' 와 같은 것들로 이루어져 있다.

두 번째 돌들은 한 단계 위에 놓여 있다. 그것들은 덜 중요한 믿음들이긴 하지만, 역시 진실이다. 이 신념에는 '나는 비서이다. 나는 조깅을 하지 않는다. 새를 좋아하지만 지저분해서 안 키운다.' 와 같은 것들이 포함되어 있다.

그 다음 층에 놓인 돌들은 작고 바뀔 수 있으며, 신념 체계의 토대에 영향을 미치지 않는다면 제거할 수도 있다. 이 작은 믿음들은 내가 좋아하는 색이 파란색이라든지, 내 머리카락은 갈색이라든지, 내가 메이블린 화장품을 쓴다든지 하는 따위들이다.

더 이상 나를 사랑하지 않는다고 말하며, 그가 나를 떠났을 때 '사랑은 영원하다.' 라고 하는, 토대를 이루던 돌 중 하나가 뽑혀져 나갔다. 그것은 커다란 돌이었다. 그것이 사라지면서, 다른 돌들도 모두 붕괴되었다. 나의 신념들은 모두 흐트러져 산더미처럼 쌓인 채 놓여 있었다. 나의 피라미드는 산산이 무너져 버렸고, 나도 부서졌다.

남아 있는 초석들도 역시 거짓이 아닌지 다시 평가해 볼 필요가 있었다. 나는 무엇을 믿어야 할지 몰랐다. 더 이상 무엇이 진실인지도 알 수가 없었다. 신은 정말 선한지, 세상이 정말 둥근 것인지 스스로에게 묻고 또 물었다.

시간이 지나면서 상처가 치유되기 시작했다. 신중하고도 히스테릭한 생각 끝에 나는 신은 선하며, 세상은 둥글 것이라고 믿기로 했다. 재건축을 시작했다. 좋아하는 색깔을 자주색으로 바꾸었고, 광고 회사를 열었고, 조깅을 시작했으며, 머리카락은 빨갛게 염색하고, 앵무새를 사고, 크리스찬 디오르의 화장품을 사용하기 시작했다. 이런 일들이 하룻밤 사이에 일어난 것은 아니다. 그러나 그런 일은 일어났다.

그때 이후로 나는 새로운 초석들을 추가했다. 지금 나는 우리가 자신이 가지고 있는 신념에 지나치게 집착한다고 믿고 있다. 그러나 신은 우리에게 혼돈을, 때로는 고통을 안겨 준다. 오래된 꿈들과 따분한 인식의 껍데기를 벗어 던지고, 우리가 더 밝고, 더 새롭고, 더 신선하게 재창조되고, 재편성될 수 있는 기회를 주는 것이다.

아, 그리고 나는 여전히 사랑이 영원하다고 믿는다. 그러나 그것은 내가 그런 것이지, 다른 사람도 반드시 그렇다는 것은 아니다.

결정

친구한테 자기 부인을 떠난 어떤 남자 이야기를 들었다. 그는 더 젊고, 더 귀엽고, 그리고 내 생각에는 더 날씬한 다른 사람을 찾아갔다.

많은 눈물을 흘린 후에, 그의 부인은 냉정을 되찾고 데이트를 시작했다. 그녀는 아주 좋은 남자를 만났고, 그들의 만남은 계속되었다. 그런데 몇 달 후, 그녀의 전 남편은 그녀가 다시 돌아오기를 원했다. 그는 자신의 의사를 분명히 밝혔으니, 그녀가 누구와 함께 있고 싶어 하는지 즉시 결정하라고 요구했다. 그녀가 말했다.

"아니, 나는 지금 당장 결정을 내릴 필요가 없어. 누구와 있고 싶은지 내가 알게 될 때까지는 결정하지 않을 거야."

이 이야기는 나의 관심을 끌었다. '망설임' 도 하나의 선택이 될 수 있다는 사실을 전혀 모르고 있었기 때문이다. 우리는 세 가지를 선택할 수 있다(어떤 일을 하거나, 안 하거나, 망설이거나). 이제는 그렇게 한다. 그것이 여러모로 더 편리하다. 그리고 마침내 결정할 준비가 되었을 때, 그녀는 새로운 남자를 선택했다고 한다.

나쁜 남자에게는 이렇게 말해라

1. "나가!"

2. "당신은 멍청한 여자들을 다루는 데 익숙해 있는 게 뻔해."
(몇 가지 이유로 인해 이 말은 남자들을 진짜로 미치게 만든다.)

3. 장면 : 당신은 그의 전화를 기다리고 있다. 전화는 오지 않는다. 결국, 당신이 전화한다.
"안녕. 나에게 전화하기로 하지 않았어?"
"오, 이런, 그래."
"좋아."
(찰칵!)

4. "당신이 책임지는 것을 두려워한다고 생각하진 않아. 그냥 정서적으로 계집애 같다고 생각해."

평온

평온하다.

옛 애인의 전화도 없다.
아무도 나를 찾지 않는다.
새 애인도
전화해서
나를 놀라게 하지 않는다.

정적

이 정적 아래 어딘가에서
큰 가마솥이 끓고 있어
아직 오지 않은
새로운 모험과
새로운 사랑과
새로운 열정을
낳고 있는 것은 아닐까.

리듬

우리는 춤을 춘다.
나는 그의 스텝을 따라간다.
따르는 것은 내 본성이다.

나는 그의 스텝의 노예일까?
어느 정도는 그렇다. 그러나
더 크게 보면
아니다.

스텝은 결국
스텝일 뿐이다.

우리의 춤이
구속되지 않고
열정적이고
아름다워질 때까지
계속 춤을 춘다.

그런데 어느 날
그의 리듬이
천천히 변한다.
나는 그 변화를 느끼지 못한다.
그리고 완전히 변해 버렸을 때
뜻밖이라고 생각한다.

새로운 춤이 시작된다

처음에는 자꾸 넘어진다.

내 발은

새로운 리듬에

익숙하지 않다.

새로운 춤은 다르다.

나는 전처럼

그에게 가까이 있지 않다.

그는 더 이상

나를 아래로 내렸다가

넘어지지 않도록 잡아서

위로 들어 올리지

않는다.

그때는

안전했다.

아마도 이 새로운 춤은

다양한 웃음소리와 함께
거대한 소용돌이를
동반하는가 보다.

이 새로운 리듬의 춤이
계속될 수 있을까?
여전히 이렇게 서투른데
내 발이
새로운 스텝에
잘 적응할 수 있을까?
새로운 리듬에 맞춰
우아하게
그를 따라갈 수 있을까?

알 수가 없다.
내가 할 수 있는 것은
오직
내 가슴 속에서
여전히 울리고 있는
옛 리듬을 꺼 버리는 것뿐이다.

비행

그는 항상
대지에 확고하게
발을 디디고 있었고
나는 너무 높이
날아가려는 경향이 있었다.

내가 대지에
발을 디딜 수 있도록
그가 도와줄 거라고
생각하면서
결혼했다.

어느 날
그가 떠났다.

내 날개는 더 이상
겨드랑이에서만
파닥거리지는 않았다.

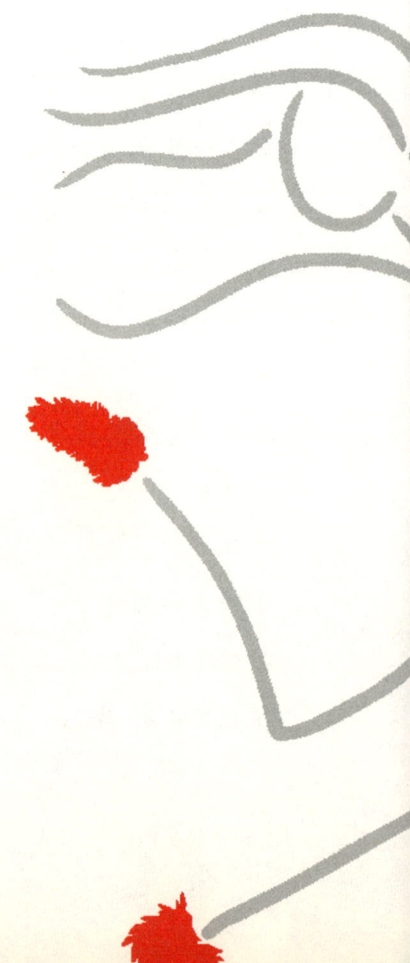

나는 아주, 아주
높이 날았다.
정말 놀라웠다.

아주 높이
날고 있지만
아무런 사고도 일어나지 않았다.

나는 매춘부다

나는

칭찬에 넘어간다.
누군가가 나에게 대가로 칭찬을 지불하면
무의식적으로 다리가 벌어진다.

여행에 약하다.
나에게 외국 여행을 제안하고, 무슨 일이 벌어지는지 지켜봐라.

말에 넘어간다.
정확한 발음으로 아름답게 말해 보라. 그러면 나는 당신의 것이다.

불어의 악센트에 죽는다.
불어로 나에게 아무 말이든 해 보라(나는 불어를 못하니까, 당신이 무슨 말을 하든 상관없다).
그러면 재미있는 일이 벌어질 것이다.

경우에 따라서 나는

보석에 나를 판다.
그러나 보석을 판 남자가 잘생기고
내가 그를 사랑하고
보석이 커야 한다.

근사한 새 집에 약하다.
그러나 위의 조항에 부합할 때만 그렇다
잘생기고, 반드시 내가 사랑하는 남자일 것.

그러나 알려둘 것이 있다. 나는 결코 내 영혼을 팔아넘기진 않는다.
절대로.

성가신 일

성가신 일이 시작된다. 모르는 길이 시작되고, 모든 것들이 나를 에워싸고 삼켜 버린다. 아마 그도 삼켜지고 있는 중인지 모른다.

날마다 우리들 중 하나는 저울질을 하고 있다. 다음날이면 또 다른 쪽에서 저울질을 시작한다. 누가 누구를 더 좋아하고, 얼마나 좋아하나, 이렇게 되면 먹고 사는 일은 생존하는 데 있어서 2차적인 문제가 되어 버린다.

수수께끼 같은 열정이 알 수도 없고, 결코 이해할 수도 없는 그 시작에 리본을 묶는다. 오직 강렬하고, 거부할 수 없는 실상만이 그 알 수 없는 열정이 존재한다는 것을 알려 준다. 그것이 여기에 있다. 아주 거대하다.

우리는 떠들썩하게 웃으며 노란 수선화 같은 기쁨을 함께한다. 그리고 깊은 비밀이 담긴 흥미진진한 순간들을 서로 가볍게 교환한다. 마치 그 순간들에 날개라도 달린 것 같다. 우리는 감미롭고 뜨거운 사랑을 나눈다.

그러나 그 행복한 시간을 강타하며 나타나 말썽을 일으키는 불안감을 멈출 수 없는 때가 있다. 그것은 아무것도 아닌 일에서 시작된다. 싸움이 일어난다. 격렬한 논쟁이 벌어진다. 아무도 이런 일에 준비되어 있지 않았다. 늘 놀랍다. 두텁고 검고 끈끈한 감정들이 기쁨을 뒤덮어 버

린다.

그러다가 느닷없이, 아무런 뚜렷한 이유도 없이, 두텁고 검고 끈끈한 감정들이 슬며시 떨어져 나가고, 희미하게 빛나는 노란 기쁨과 분홍빛 달콤함이 모습을 드러낸다. 우리는 이야기를 나눈다. 서로에게 설명하고, 사과한다. 다시 괜찮아진다. 묵은 상처의 기억은 그것이 숨어 있던 곳으로 되돌아간다. 초라하고 낡은 고통은 다시 잠이 든다.

그러나 그 모든 것이 정말로 끝난 것은 아니다. 할 말이 얼마나 많은가? 숨겨야 할 것은 또 얼마나 많은가? 내 자신의 궤도에 서기 위해서는 얼마나 꿋꿋해야 하며, 그의 궤도 안으로는 얼마나 깊이 들어가야 하는가? 나는 얼마나 방황해야 할까? 그는 얼마나 방황하고 있을까? 이것은 두 사람이 진행하도록 설계된 게임이다. 한 사람만으로는 단지 백일몽이 될 뿐이다. 공상에 빠지지 않으려면 신중해져야 한다.

상대방의 마음을 측정하려는 시도가 계속된다. 그것은 맹목적이며 서툴게 이루어진다. 우리에게는 사랑하는 사람의 마음의 깊이를 잴 수 있는 척도가 없다. 속도 또한 동일하게 유지되어야만 한다. 그것은 대열에서 낙오되지 않기 위해 중요하다. 상대방의 속도에 따라 나의 낙오가 결정되기도 한다. 그러나 부분적일 뿐이다. 아무도 뒤처지지 않고, 아무도 서둘러 앞서 가지 않도록 똑같이 속도를 줄이고, 위험을 피하고, 규칙적인 속도를 내도록 사이를 이어주는 밧줄이 있어야만 한다.

내가 사랑의 시를 쓰는 동안 고객을 위한 광고 문안은 작성되지 않은 채 놓여 있다.

언젠가는 이 힘든 상황도 끝이 난다. 그리고 우리가 특별히 운이 좋다면, 그리고 신이 관대해져서 우리가 함께 있도록 결정한다면, 우리는 이 성가신 마술의 달콤한 고통을 다시 맛볼 수 있기를 고대하며, 이 나날들을 기억하게 될 것이다.

아무것도 남지 않았다

나는 더 이상
당신과 함께 할 수가 없다.

당신이 떠나며
나를 훔쳐가 버려서
텅 비어 있다.

영원

그는 영원히
날 사랑하겠다고
말했다.
그의 영원은
내 것보다
짧다.

소파

그가 나를 떠났을 때
누군가가 거실에 깔린 러그를
내 밑에서 확 잡아당기는 것 같았다.
가구들과 나는 공중으로
튕겨져 올라갔다.

가구들이 떨어진 곳은
새로웠다.
가구들의 배열도 더 흥미로웠고,
사실 나에게 더 잘 맞았다.
나는 부드러운 소파 위로
내려앉았다.

사람을 찾습니다

찾는 이 : 케이크

구하는 이 : 아이싱

멋있으며, 부숭부숭한 털이 난 아이싱이 케이크를 찾습니다. 요리는 거의 안 해 봤고, 요리를 했다 하면 상태 최악입니다. 내 아들은 이렇게 말합니다.

"얼리지 않으면, 그거 안 먹을래요."

특별히 깔끔한 편은 아닙니다. 그렇지만 당신에게 이전에는 한 번도 들어 보지 못한 기묘하고 이국적인 음악을 소개해 줄 수 있습니다. 코를 씰룩거리는 것만으로도 라이터를 바닥으로 떨어뜨리는 법을 가르쳐 줄 수도 있습니다. 법인의 기능에 대해서는 올바로 알려줄 수 없지만, 세계의 모든 종교들 속에 있는 공통된 주장이 무엇인지는 보여 줄 수 있습니다. 의회나 상원에서 하는 일을 말해 줄 수는 없지만, 발리어로 열까지 세는 법을 가르쳐 줄 수 있습니다.

전기와 관련된 일은 하나도 모릅니다. 그리고 때로는 좌우를 혼동합니다. 나는 담배 판매기는 거스름돈을 돌려주는 데 왜 공중전화는 잔돈을 돌려주지 않는지, 왜 사람들이 다른 사람을 사랑하는 데 그토록 어려움을 느끼는지 이해할 수가 없습니다. 왜 아일랜드 사람들은 그들끼리 싸우는지, 왜 이스라엘 사람들은 팔레스타인 사람들과 전투를 벌이는지도 이해하지 못합니다.

그러나 나는 신은 존재하며, 아주 여러 이름으로 불린다는 것을 압니다. "과학이 신의 존재를 증명하기 위해 애쓰는 것은 인간이 개에게 수학을 증명해 보이려는 것과 같다."는 말을 들은 적이 있습니다. 나도 그 말에 동의합니다.

그래서 당신이 기업체에 대해 올바르게 가르쳐 줄 수 있고, 좌우를 구분할 수 있게 도와줄 수 있고, 전기에 대해 간단하게 설명해 줄 수 있다면, 나는 당신에게 나무가 발산하는 독특한 기운을 보는 법과 마음을 활짝 열고 사랑하는 법을 알려 드리겠습니다.

그리고 함께 밀가루 반죽으로 훌륭한 과자를 만들 수도 있습니다.

아이러니

내 친구가
사귀는 남자에게서
질문을 받았다.
"너 돈 때문에 나랑 사귀니?"

그녀는 말했다.
"넌 그만큼 돈이 많지 않아."

이번엔 그녀가 물었다.
"넌 내 육체 때문에 나랑 만나니?"
그가 말했다.
"응."

급료

그는 여섯 자리 숫자의
봉급을 받았다고
그녀에게 자랑했다.

"준비가 안 됐어"

그녀는 거기에
소수점이 있는지
물었다.

위장약

선을 보러 나가기 전에 나는 씹을 수 있는 위장약 두 알을 입에 넣는다. 위장약 안에 들어 있는 화학 물질인 비스무트금속 원소 Bi – 옮긴이가 사람의 혀를 까맣게 만들어 주기 때문이다.

저녁이 끝날 무렵 그 남자와 키스하고 싶은 생각이 들지 않으면, 그가 내 혀를 볼 수 있도록 크게 하품을 한다. 일단 그가 내 혀를 보게 되면, 나에게 키스하는 것은 지옥에서나 가능한 일이 되어 버린다.

남자가 마음에 들 때에는 그냥 입을 꾹 다물고 있으면 된다. 여자들이여, 나를 믿어라.

이 방법은 확실히 효과가 있다.

저울

1부터 10까지 있는
척도 저울에서
나는 그가
4,000을 가리키고 있다고
보았다.

그는 자신을
3이라고 생각했다.

그래서 그는 3의 수준에서 움직였다.

적어도 자신을
4로 볼 수 있도록
내가 도울 수 있을 거라고 생각했다.

그는 결코 그렇게 하지 않았다.
그리고 나를 떠났다.
나는 그를

안절부절못하게 만들었다.

4,000은 너무나 높았다.

4도 너무 높았다.

정말 유감이다.

오해

내가
유쾌하고, 세속적이며, 활기가 넘치는
흥미로운 여자라고
생각했었다.
나는 재미있고 향기로운
남자들이
교외에 사는
아내를 버리고 찾아나서는
그런 종류의 여자였다.

우리가 만났다.
우리는 사랑에 빠졌다.
우리는 결혼을 했다.

그런데
어느 날, 그는
교외에 사는 아내를 찾아서
떠나 버렸다.

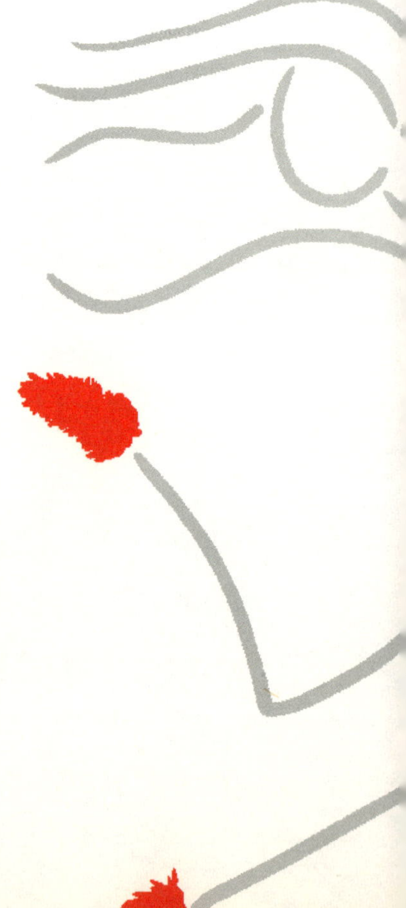

이별 1

우리는 이미
헤어졌다.

처음으로 깨달았을 뿐이다.
이별을 깨달았을 뿐이다.

이별 2

결국은
당신이 나를
충분히 사랑하지 않았기 때문도,
당신 자신을
충분히 사랑하지 않았기 때문도
아니었다고 생각한다.

내가 당신을 사랑하는
유일한 사람이
될 수 없었기 때문이었다.

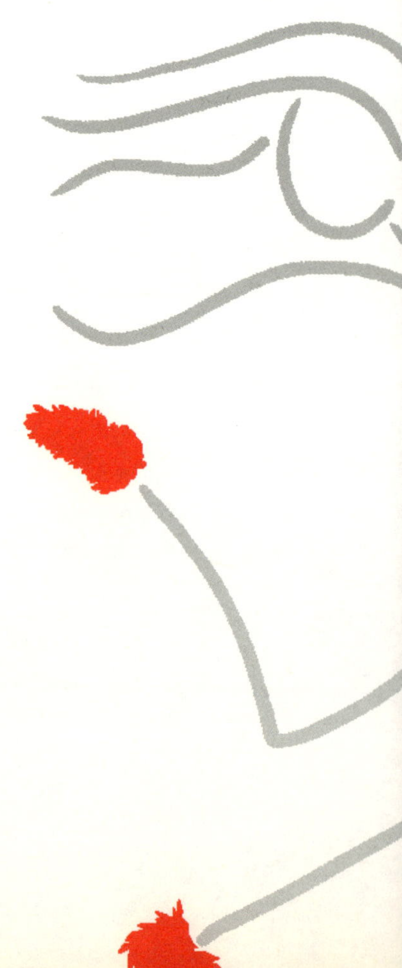

사탕

당신은 병 속에 들어 있는 색깔 선명한 사탕이다. 오랫동안 당신과 함께 있기 위해 나는 유리병을 깨려고 했다. 당신은 너무나 훌륭하고, 달콤하고, 맛있어 보였다. 당신은 아주 다양한 밝고, 맛있어 보이는 색깔을 하고 있었다. 그러나 유리는 아주 튼튼했다. 나는 그것을 깰 수가 없었다. 당신은 유리병 안에 남아 있었다. 그리고 한동안 나는 당신을 만지지 않고, 가까이에서 유리를 통해 그냥 바라보는 데 만족했었다.

그러나 이제는 가질 수 없는 사탕에 만족하지 않는다. 나는 만지고, 안고, 맛볼 수 있는 사탕을 원한다. 사탕이 주는 끈적거림과 달콤함을 원한다. 그것을 핥고, 혀에 올려놓고 굴리고 싶다. 나는 사랑을 맛보고 싶다.

그리고 이제는 가질 것이다. 더 이상은 유리 속에 있는 사랑은 받아들일 수가 없다.

휘파람

사랑을 나누며
휘파람을 부는 것은
사실상 불가능하다.

그렇지만,
사랑을 나누며
웃을 수는 있다는 것을
알았다.

그러나
이렇게 하라고
권하고 싶지는 않다.

당신의 파트너가
불쾌할 수도 있기 때문이다.

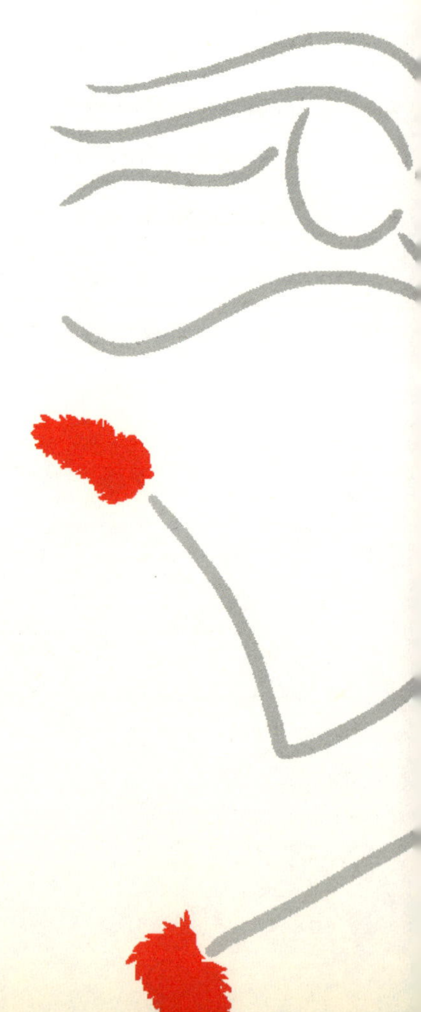

지워지지 않는 잉크

남편이 나를 떠나자
글을 쓸 수가 없었다.
더 이상
무엇이 진실인지
알 수가 없었다.

잉크로는 아무것도 할 수가 없었다.
연필도 쓸 수가 없었다.

시간이 흐르고
이제 나는
지워지지 않는 잉크를
다시 쓸 수 있게 되었다.
기쁘다.

눈 속에 비치는 영상

당신은 더 이상
당신의 아름다움을
내 눈에 비추어 보지 않는다.

당신이
자신의 눈 속에서만 빛나는
순간이 다가왔다.

나는 이제
나만의 영상을 찾아
떠나야만 한다.

그러나
내가 떠나기 전에
이것만은 알아 달라.
내 눈 속에서 빛나던
당신의 모습은
진실이었음을.

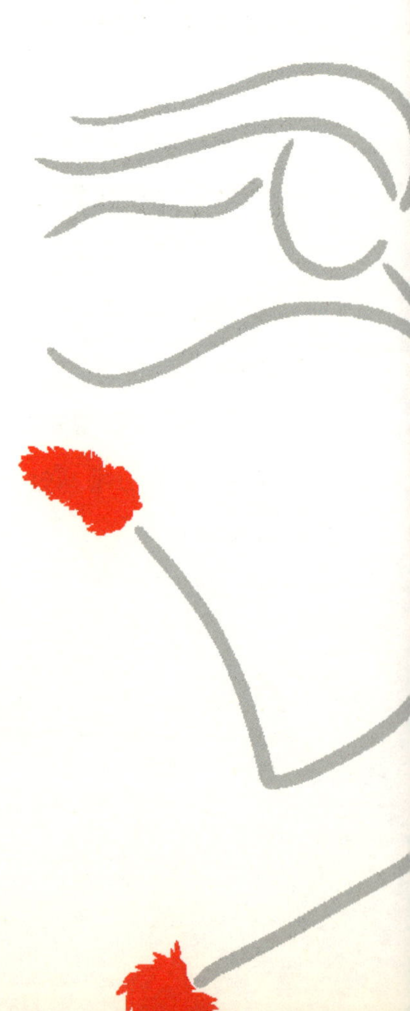

당신은 아름답다.
그저 오랫동안 깊이
들여다보라.
그러면 당신도
알게 될 것이다.

운이 좋다면,
언젠가는
다시 만나게 될 것이다.

그때에는
각자의 눈에
자신만의 영상이
빛나고 있을 것이다.

오르가슴

그에 대한 나의 사랑은
아직도 한창인데
그는 사랑을 멈추었다.

그는 끝냈다.
그러나 나는 아니었다.

오르가슴의
중간에서
멈춘 것 같은
느낌이 들었다.

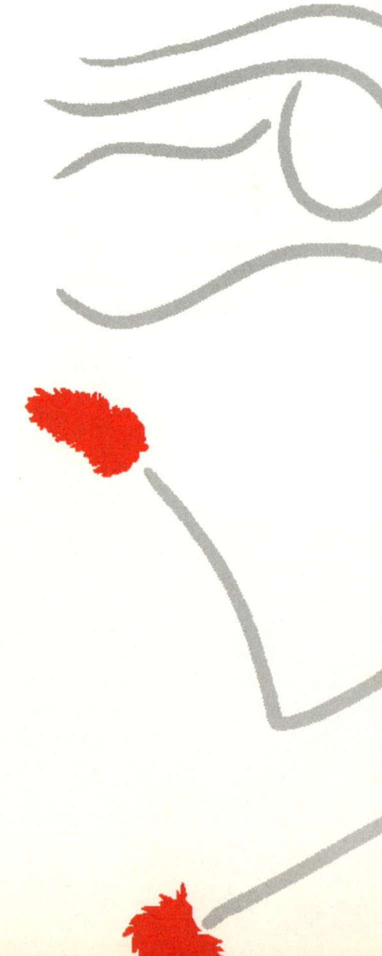

토바고의 여명

검은 윤곽을 드러내고 있는 풀숲 우거진 절벽 위에 달이 떠 있고, 해변에는 종려나무가 그 달빛을 받아 반짝이고 있다.

길고 얇은 흰옷을 헐렁하게 걸치고, 나는 이 야생의 열대 섬에서 밤을 보낸다. 바닷바람이 불어와 햇볕에 그을은 내 피부를 애무할 때마다 옷자락이 펄럭인다.

남편 노릇을 시작한 지 얼마 안 되는 그가 내 곁에 있다. 우리의 결혼은 새롭고, 우리들도 새롭다. 우리는 말하지 않는다. 그러나 충분히 느낄 수 있다.

덥고 눅눅한 밤, 바위에 부딪힌 파도가 물방울을 뿌려 주어, 우리는 시원해진다. 우리는 열려 있다. 서로에게 굳게 닫혀 있던 적이 없었다.

밤이 하늘을 삼켜 버리고, 밤의 캔버스에는 오렌지색과 붉은색이 두서없이 뿌려진 흔적만이 선명하게 남아 있다. 대비되는 색깔의 붓놀림이 겹쳐 색이 번진다. 바다는 짙은 자줏빛이다. 그것은 길들여지지 않고 자유롭다……. 우리들처럼.

종려나무 잎이 바람의 리듬을 타고 살랑살랑 움직이며, 어둠 속에서 신비로운 음악을 만들어 낸다. 멀리서는 뱃사람들의 등불이 바다 표면의 암초를 가로질러 작은 빛줄기를 쏘고 있다. 우리는 그들을 보고 있지만, 그들에게는 우리가 보이지 않는다. 소용돌이치는 바다가 내려다

보이는 언덕에서 마감하는 하루는 무상함을 안겨 준다. 이 느낌은 무게가 없으며, 고상하다. 이 순간에, 나는, 그리고 그는, 거친 바다처럼 순수하며 진실하다.

80년대의 독신

나는 서른아홉이고, 이혼한 지 9년 되었다. 나에게는 해답이 없지만, 탐구해 보고 싶은 의문들이 있다. 내가 보기에 남자들은 페니스를 잃어버리고 있으며, 여자들에게는 그것이 자라는 것처럼 보인다.

나는 자립적인 사람이었고, 남편을 사랑했다. 그가 떠나자 나는 뭐든지 혼자 하는 법을 배워야만 했다. 나는 점점 더 자립적이 되었고, 그럴 필요가 있었다. 남자들은 이러한 독립심을 좋아하는 것 같지 않고, 자립심은 가져서 뭘 하는지 알지도 못하는 것 같다. 왜 그런지는 모르지만 그들은 두려워하는 것 같다. 좀 과감하게 내 생각을 말하자면, 많은 남자들이 두려워하는 것은 그들에게 페니스가 없거나, 없는 거나 마찬가지이기 때문인 것 같다.

나는 전에는 히피였던 사람들의 모임에 속해 있다. 우리는 인류에 대한 사랑이라는 이상을 가지고 있었다. 우리가 직업을 갖게 되었다. 우리는 회계사, 의사, 변호사가 되었다. 돈을 벌고, 물건을 소유하고, 우리의 삶은 잡동사니로 가득 채워졌다. 그때 나는 우리가 이상을 잃었고, 일대일의 사랑을 추구하는 이상주의자가 되었다고 생각한다.

우리는 남편과 아내를 떠났다. 그들은 완벽하지 않았기 때문이다. '완전한 사랑' 이라는 것은 누군가 '완벽한' 사람을 사랑하는 것을 의미했는데, 우리가 어디에서 그 이상을 이룰 수 있었겠는가? 결혼하면 완벽해질 수 있다고 말한 사람은 도대체 누구인가? 누가 우리에게 이런 어린애 같은 생각을 일러 주었을까? 영원한 사랑이라든가 충심어린 사랑이라는 것이 대체 무엇인가? 그런 것들은 다 어디로 갔는가? 그리고 내가 그런 것을 믿는 유일한 사람이라면 슬프지 않을 수 없다. 내가 주어도 받을 사람이 없다.

내가 만나는 대부분의 남자들은 계집애 같다. 그들은 상처를 받은 적이 있다. 하지만 그렇지 않은 사람이 있는가? 참, 대단한 인물들이다. 그래서 어쨌다는 것인가? 여자가 남자의 돈을 뺏으려 든다는 둥 하며 울고불고, 징징댄다. 그런데, 생각해 봤는가? 여자는 남자의 돈보다 더 가치 있는 어떤 것 – 그의 사랑과 같은 – 을 바랄지도 모른다. 슬프게도 대다수의 사람들에게 이런 일은 일어나지 않는다.

충심이라는 말은 단지 신에게로만 향하는 것이 아니다. 충심이란 우리가 서로에게 가져야 하는 마음이다. 우리는 신에게는 충심이라는 거창한 용어를 사용하면서, 우리 자신에게는 신뢰라는 아주 작은 개념을 쓴다. 충심이라는 말은 모든 것을 포함하지만, 신뢰는 누군가가 우리를 잡아 주기를 희망하면서 주춤거리는 말이다.

여자들은 로미오를 기다리지만, 그들은 줄리엣이 아니다. 남자들은 클레오파트라를 기다리지만, 그들은 안토니가 아니다. 일이 이제 우리의 사랑이며, 열정이 되었다. 우리는 과도하게 일한다. 그것을 정상적으로 되돌려야 한다. 우리는 열심히 일하고, 힘들게 논다. 업무상 약속을

정하듯 놀이도 계획한다. 재미도, 자발성도 상실한 채 강요된 열정으로 놀이를 수행한다. 아무도 진정으로 자신을 이완시키지 않는다.

우리는 너무 뚱뚱하거나 너무 말랐고, 너무 늙었거나 너무 젊다. 우리 얼간이들은 너무 작거나 너무 크다. 모든 것이 '너무' 어떻다. 완벽한 것은 없다. 하지만 삶이 완벽해지면 아마도 괴롭고 따분해지지 않을까. 우리는 뛰고, 달린다. 나는 어디에서 왔는지, 어디로 가는지 궁금하다. 사람들은 스물다섯 살의 몸매를 원한다. 그러나 이미 그랬던 때가 있었지 않은가.

나는 꼭 해야만 하는 일이지만 타이어를 바꾸는 일은 정말 싫다. 나는 나보다 타이어를 더 잘 바꿀 줄 아는 남자가 좋다. 나는 남자에게 기대는 것을 좋아한다. 나는 이것이 나의 생각들과 상호 배타적인 소망이라고는 생각하지 않는다.

남자가 나보다 잘 할 수 있는 일은 많다. 나는 그런 점을 좋아한다. 몸집이 더 크고, 몸에 털이 많아서 좋다. 나처럼 쉽게 울지 않아서 좋다. 나는 그 모든 차이점들을 사랑한다. 남자가 되고 싶지는 않다. 절대 페니스가 부럽지 않다. 나는 내가 가진 것이 좋다.

남자를 사랑하는 것은 내가 가장 좋아한 일이었다. 그러나 나는 주변에 아무도 없어도 타이어를 바꿀 것이며, 또 살아남을 것이다. 그런 것을 배워야만 했다. 내가 의식적으로 배우려고 계획한 것은 아니었다. 단지 나를 위해 그런 일을 해 줄 사람이 없었기 때문이다. 그리고 이제는, 내가 할 수 있다는 사실이 좋다. 나는 남자에게 작은 소녀이고 싶다. 남자에게 매력 있는 여자가 되고 싶다. 그에게 가장 좋은 친구가 되고, 타이어를 바꿀 때 도와주고 싶다. 나는 그들이 무엇 때문에 이 모든 것들을 두려워하는지 알 수가 없다.

바빠서 외롭지 않은 2000년의 독신

내가 누군가에게 외롭다고 말하면, 그들은 보통 이렇게 대답한다.

"나는 너무 바빠서 외로울 새가 없어."

나에게 이건 말도 안 되는 일이다. 다른 사람들처럼 나도 고문받는 것처럼 힘들고 바쁘게 생활한다. 아마도 이 우주에서 나는 바쁠 수도 있고, 동시에 외로울 수도 있는 단 하나뿐인 사람인가보다.

그러나 이 두 가지 주제는 전적으로 다른 것이다. 바쁘다는 것은 할 일이 많다는 것이다. 외롭다는 것은 혼자가 되는 것이며, 그것이 괜찮지 않다고 느끼는 것이다. 혼자지만 외롭지 않다고 생각할 수 있다. 사람들과 함께 있어도 외롭다고 느낄 수도 있다. 그러나 그것은 완전히 다른 상황이다.

내가 느끼는 외로움은 남자와 여자의 문제, 즉 낭만적인 성질의 것이다. 나는 한 쌍 중의 한쪽이며, 둘이 이루는 팀의 일부가 될 필요가 있다고 느낀다. 나의 '다른 한쪽'을 찾고 싶다. 남자 없이도 완전하다고 말하고 싶을지도 모르는 당신보다 내가 먼저 말하겠다. 번식의 시기는 지났지만 나에게는 여전히 종족 본능의 잔여물들이 남아 있고, 지금까지 감퇴되지 않았다. 어쨌든, 그것들은 시들지 않았다. 그 본능적 성향은 신이 준 본능을 부인하려고 시도하는 모든 현대적 사고방식과 유행을 부인하고 있다.

사랑을 했었다. 짝을 이루고 있는 두 사람 중의 하나였다. 그리고 그때가 좋았었다. 나는 불행한 결혼을 한 사람도 있고, 두 번, 세 번 결혼한 사람도 있고, 그리고 다시는 다른 사람을 사귀려고 하지 않는 사람들도 있다는 걸 안다. 나는 그런 사람들 중의 하나가 아니다.

다른 모든 관계들과 마찬가지로 내가 맺는 관계가 늘 달콤하고 빛나는 것들로만 이루어지지는 않았다. 고통스러울 때도 있었다. 그러나 나는 '관계를 형성해야 하는 일' 보다는 '관계에 기초한 일' 을 더 좋아한다. 훌륭한 친구들도 많다. 남자도 있고 여자도 있다. 전반적으로 나에게 사랑이 부족한 것 같지는 않다. 새 집을 사 주거나, '나를 구해 줄' 누군가를 찾아 헤매지도 않는다. 나에게는 사랑하는 아주 멋진 아들이 있다. 내 사업이 있고 꽤 성공적으로 해 나가고 있다. 작지만 잘 치장된 집이 있고, 건강하고, 사랑하는 가족도 있고, 그리고 아직 몸매도 괜찮다. 이러한 것들에 너무나 감사하고 있다. 그러나 여전히 외롭다. 이것은 짝을 찾는 외로움이다.

나는 짝을 이룰 사람에 대해 특히 까다롭다. 그것이 상황을 더 어렵게 만든다. 더 힘든 이 길을 일부러 선택한 것은 아니다. 그저 그 속에 있는 나 자신을 발견했을 뿐이다. 나이를 먹어가면서, 선택의 폭은 더 좁아진다. 전보다 더 보잘 것 없는 무기를 들고 전투에 임한다. 피부는 늘어지고, 몸매는 그 전보다 맵시가 없다. 옛날 같으면 눈길 한 번 안 주었을 남자들이 이제는 나를 거부한다. 내가 남자들에게 적의를 갖게

될까 봐 두렵다. 그런 일이 일어나지 않기를 바란다. 하지만 그 신랄한 감정이 나를 잠식하고 있다는 느낌이 든다.

나는 나쁜 짓을 하지 않는다. 나에게 걸맞은 장소에 드나들고, 내 스스로를 분명하고 이해하기 쉬운 사람으로 만들고 있다. 그런데도 아름다운 토요일, 여기에서 외로움에 관해 글을 쓰고 있다. 노래를 부르며 의자를 빼는 게임에 빠진 느낌이다. 의자는 몇 개밖에 안 남았는데, 음악은 서서히 끝나가고 나는 의자 근처에 가 보지도 못한다.

어느 해에는 칩거에 들어갔었다. 심술을 부려 보기로 한 것이다. 어디에도 모습을 나타내지 않고, 남자들을 피했다. 나의 일거수일투족에 대해 굳이 찾아다니지 않아도 알 수 있을 만큼 무성한 소문이 들렸다. 그러나 나는 그 소문들이 틀렸다는 것을 보여 주었다. 나는 아무것도 아닌 존재가 되었으며, 보이지 않게 되었고, 그리고 정말, 나를 본 사람이 아무도 없었다.

내 여자 친구들 중에 그들도 역시 외롭다는 것을 인정하는 사람은 몇 명 안 된다. 다른 사람들은 외롭지 않은 것 같다. 아니면 적어도 인정하려 하지 않았다. 그들은 집을 개축하거나, 다 자란 아이들의 일에 지나치게 간섭하거나, 그냥 친구들을 사귀면서 살아가고 있다. 그들은 자신들이 진정으로 원하는 것과 대체할 수 있는 다른 것을 찾아다니는 게 분명하다. 나도 그렇게 해 보려고 했고, 일시적이지만 때로는 성공하기도 했다. 나는 내가 느끼는 것들에 대해서 솔직해지는 법을 배우는 데 인생의 너무 많은 시간을 보냈다. 그리고 그것이 너무나 매력적이어서, 자제하기에 너무 늦지는 않았을까 두렵다.

지금 나는 한때 내가 보이고 동시에 빛나기까지 했던 곳에서 보이지 않는다. 그러나 온 사방에 나의 호르몬이 있다. 모든 것을 호르몬 탓으로 돌릴 수 있을까? 호르몬을 탓하는 것이 잘 하는 일일 수도 있고, 그렇지 않을 수도 있다. 나는 여전히 줄 것이 많은데, 줄 사람이 없다. 나는 숲에 쓰러지는 나무이지만 무너져 내리는 소리를 들어 줄 사람이 하나도 없다. 이 많은 호르몬으로 무엇을 하나? 어디에 두어야 하나? 누구에게 주어야 하나?

꽤 행복한 사람이었다. 내가 불행한 사람이 되어가는 것이 싫다. 그러나 불평과 환멸의 기류가 잠재되어 흐른다.

그래서 나는 문제를 마주 대하고 꼼꼼하게 살펴보면서 분명하게 정의해 왔다. 아마 문제를 분명히 하는 것이 도움이 될 것이다. 그렇게 되기를 바란다.

2002년 8월 – 갱신

나는 사랑에 빠진 것 같다. 그런데 주위에는 아무도 없다.

생기발랄한 목소리로 떠들어 대고자 하는 것은 아니다. 그러나 사랑에 빠진 사람처럼, 그렇게 되길 바라는 것은 분명하다. 전에는 전혀 경험해 보지 못했던 대지와 연결된 듯한 원만한 느낌이 든다. 뜻하지 않게, 전에는 존재하는지조차 알지 못했던 사랑의 새로운 본질과 맞닥뜨린 느낌이다. 신기하고 놀랍다.

내 삶에 있어서 가장 신기하고 놀라운 일은 내가 글을 쓴다는 것이다. 글을 쓸 때는 진지해진다. 나는 책으로 출판하기 위해서 글을 쓴다. 크게 실패를 하거나, 대단한 성공을 거두거나 상관이 없다. 정말 하고 싶지 않은 일은 시도하지 않는 것이다. 출판되지 않는 책을 내 안에만 품고 있고 싶지는 않다.

나는 다른 사람들의 동의를 구하고, 남자들의 사랑을 확인하는 데 인생의 대부분을 보냈다. 그러나 이제는 내 자신의 동의를 구하고, 그것이 주는 영광스러운 느낌을 추구한다. 전보다 더 자유롭다고 느낀다. 내 자신에게 친절하게 대하는 법을 배웠다. 그리고 마침내, 내 안에 다양한 형태로 존재하는 내 자신일 수밖에 없는 자유를 스스로에게 허용하게 되었다.

대부분의 여자들처럼, 나도 성인이 된 이후로 계속 다른 사람들을 돌

봐 왔다. 가족과 친구들, 고객들과 상관들, 그리고 남편. 다른 사람들을 돌보는 데 인생의 많은 부분을 소비했다. 이제는 내가 다른 사람들에게 바쳤던 것과 똑같은 사랑으로 내 자신을 돌본다. 다른 사람들을 배척하는 것이 아니다. 다만, 그 속에 나를 추가했을 뿐이다.

지난 20년 동안 다시 결혼해 보려고 했었다. 가치 없는 일은 아니었다. 결혼하려고 했던 것은 일종의 과정이었다고 생각한다. 결혼의 실패로 무너져 버린 것들을 다시 고쳐 보려고 했다. 나의 상처를 가려 줄 반창고가 필요했다. 파탄에 이른 결혼을 정당화해 줄 수 있는 새로운 사랑, 새로운 남자가 필요하다고 생각했다. 새로운 남자, 새로운 결혼, 새로운 결합이 모든 것을 다시 정상으로 되돌려 줄 것이라고 생각했다. 그러나 그런 일은 결코 일어나지 않았다.

여러 가지 면에서 내 삶을 풍요롭게 해 준 많은 사랑을 나누었다. 사랑으로부터 나온 열정적이고 흥분되는 모험들이 가져다준 멋진 경험들이었다. 그러나 나는 결혼하지 않았다. 아마도 아주 큰 반창고가 없었던 것 같다.

나는 지금 행복하다. 오랫동안 내게 있었던 탐욕스러운 열정을 벗어나서 행복하다. 혼자라는 것이 이제는 잡동사니를 치운 아주 깨끗한 벽장이 된 느낌이다. 나는 사랑을 찾았다. 그것은 글을 쓰는 것이다. 이것은 더 좋은 사랑은 아니다. 이것은 다른 종류의 사랑이며, 지금 이 순간을 위한 사랑이다. 이 사랑은 원대하다. 아주 넓게 팔을 벌려야 할 만큼 넓고, 조금도 배타적이지 않다. 모든 사람들을 위한 것이다.

그리고 언젠가, 운이 좋다면, 부드럽고 섬세한 미풍이 적당한 방향으로 불어오고, 그리고 신이 그렇게 하는 것이 좋겠다고 생각한다면, 나는 다시 낭만적인 사랑을 하게 될 것이다. 지금은 글 쓰는 것만을 사랑한다. 그리고 사랑에 빠진 것 같다고 느낀다.

제4장

플라멩코 ; 다양한 삶의 모습

플라멩코는 불과 얼음의 춤이다. 애수에 잠겨 천천히 시작하지만,
눈 깜짝할 사이에 격렬하고 열정적으로 변할 수도 있다.
춤에 빠져 있다가, 그녀가 고개를 든다. 그녀는 매번 관객들을 발견하고 놀란다.
아주 잠깐 동안 관객들을 응시하다가 곧 잊어버리고 다시 아래를 내려다본다.
그리고 계속해서 자기 자신에 깊이 깃든 채, 춤을 추는 그 순간과 하나가 된다.
관객들에게는 관심이 없다. 중요한 것은 춤이다. 플라멩코는 완전하며
순수한 예술이다. 그것은 정의하기 어렵다. 삶처럼 용기와 훈련, 위엄과 재치,
그리고 자유를 요구한다. 삶처럼 그 안에는 즐거움, 절망, 열정, 환희, 기쁨, 슬픔,
그리고 궁극적으로는 희망이라는 최고의 순간들이 담겨 있다.

늦은 아침

거의 매일 아침
나는 늦게 출근한다.
전신 거울 앞에서
벌거숭이가 되어 춤을 춘다.

때로는
플라멩코 기타의
열정에 맞추어 제멋대로
뜨겁고 열렬하게 춤춘다.

때로는
황홀하고 낭만적인 음악에 맞추어
공기처럼 가볍게 춤춘다.
때로는 아라비아의 음악에 맞추어
불장난하듯
관능적으로 춤춘다.
음악은 항상 크게 울린다.

때로는

내 어깨 위에 앉은

앵무새, 베이비와 함께 춤춘다.

때로는 앵무새와 함께 천천히

움직인다.

때로는 그렇지 않아서

베이비가 간신히 매달려 있기도 한다.

아침의 춤은

내가 할 수 있는 일 중에서

가장 비생산적이며

표면적으로는 쓸모없고

표면적으로는 헛되며

표면적으로는 제멋대로이다.

그러나 내가 하는 일 중에서

가장 활기찬 일이다.

아침의 춤은

사람들에게 '속하기' 전에

내가 누구인지를

일깨워 준다.

내가 내 자신에게 속해 있음을
일깨워 준다.

나는
늘 올바르게 처신하고
도도하고 품위 있는
그러나 갇혀 있어서 불행한
내 정신에게
운동을 시킨다.

우리에서 풀려난
귀중하고도 자연스러운 순간들.
나의 가장 소중한 부분이
뛰논다.
격렬히 뛰논다.

너는 간결한 나이다.
내 심장의 고동이며

나의 재능이며

나의 아름다움이며

나의 기품이다.

내 안의 모든 것이

풀려나고

내 안의 모든 것이

자유롭다.

분명히 존재하는

갇혀 있는 상처들

그러나 다른 사람들 앞에서는

뛰노는 것이

허락되지 않는다.

행복하라, 가장 소중한 한쪽이여.

너를 사랑한다.

언제나 너를

자유롭게 해 주겠다.

나는 아침마다 늦을 것이다.

그리고 너는

벌거숭이가 되어 자유롭게

춤출 것이다.

아름다움

그녀는
햇빛 아래에서 반짝이는
그녀의 눈이
얼마나 아름다운지 몰랐다.

그녀는 자신의 눈을
볼 수가 없었다.

다른 사람들은 볼 수 있었지만
아무도 그녀에게 말해 주지 않았다.

어느 날, 기차 안에서
어떤 사람이
그녀에게
눈이 아름답다고
말해 주었다.
그녀는 울었다.

시간이 멈추면

인생에서 무엇이 중요한지 알고 싶다면,
시간이 멈춘 듯한 순간에
무슨 일을 하고 있었는지에
주의를 기울여라.

시간이 멈출 때
당신이 하고 있던 일은
아주, 아주 중요한 일이다.
그것은 당신을 운명으로 안내하는 지도이다.

나에게는
글을 쓰는 일이
그리고 가끔 육체적으로 사랑을
나누는 일이 중요하다.
그런데
항상 시간은
내가 사랑을 나누고 있을 때
멈춘다.

비행

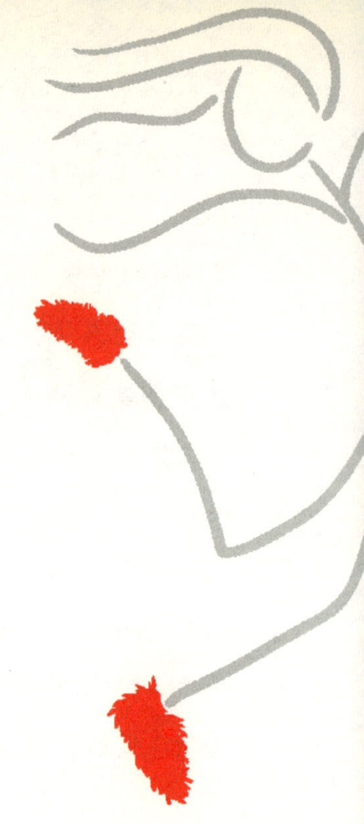

종종
날아다니는 꿈을 꾼다.
상쾌하다.

꿈속에서 나는
밑에서 춤을 추는
사람들을 본다.

나는 그들에게
올라와서 함께 날자고 말한다.
올려다보지도 않고
그들은 말한다.
"사람은 못 날아."
나는 또 말한다.
"날 봐, 날고 있잖아.
당신도 날 수 있어."

그러나 그들은 쳐다보려 하지 않는다.

계속해서 머리를 흔들며
말한다.
"사람은 못 난다니까."

나는 그들을 떠나
아주 빠르고 높이
날아간다.

그리고 잠에서 깨어났다.
현실에서도
똑같은 일이 일어난다.

정상

'정상' 이란 무엇일까.

그리고 우리가

정상에서 벗어나 있다면

어떻게 그걸 알 수 있을까?

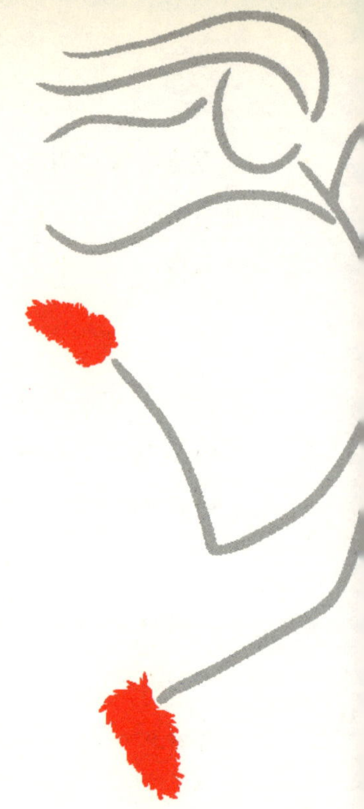

운동장

떨어지면
악어가 가득한 늪에
빠지게 된다고 생각하면서
우리는
정글짐을 꽉 붙든다.
그러나 떨어지면
그곳이 단지
부드러운 모래땅일 뿐임을
알게 된다.

때로는
그네를 타다가
심하게 떨어진다.
우리는
심하게 운다.

하지만 일어나서
다시

그네를 탄다.

우리들 중 몇몇은
그네로
돌아가지 않는다.

때로는
시소의 끝이 올라갔을 때,
다른 녀석이 내려 버려
땅으로 쿵 떨어진다.
그래도 우리들 중 몇 명은
다시 시소를 타고
그 높은 지점을 느끼고 싶어 한다.
다른 아이들은 그렇게 하지 않는다.

때로는, 누군가가 그네를 밀어 주고
때로는, 혼자서 탄다.
어떤 경우든
떨어질 수도 있고
또 아주 높이 올라가서

발가락을 쫙 펴고
그 사이로 부는 바람을 느낄 수도 있다.

때로는, 다른 아이들과 함께 놀고,
때로는, 그들이 우리를 때리고 도망간다.
때로는, 그들이 우리에게 뽀뽀를 하고 또 한다.

운동장에 있는 모든 아이들이
때로는 심술궂고
때로는 착하다.

때로는, 비가 오고
우리는 집에 가야 한다.

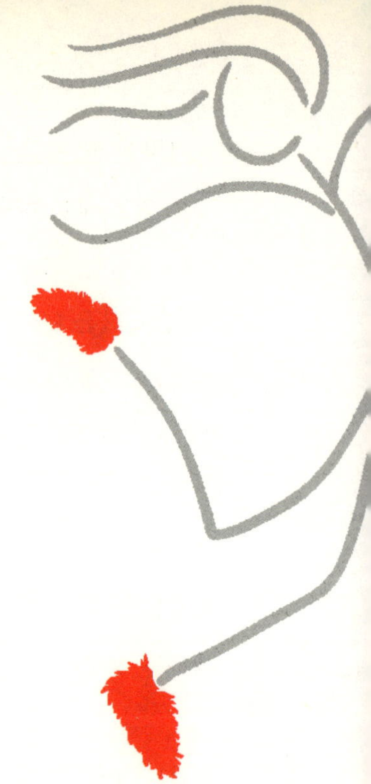

행복과 상처

만일 당신의 삶에서
행복이 좋다고 느껴지는 정도로
상처가 나쁘게 느껴지지 않는다면
당신은 올바른 궤도 위에 있는 것이다.
하던 대로
계속해라.

사랑을 찾아

사랑을 찾아 헤매며
인생을 보냈다.

사랑은
남자라는 형태로 나타날 것이라고
생각했다.

그리고 몇 번은
그랬다.

숫자 수집가

그녀는 숫자를 수집했다. 짝수, 홀수, 그리고 물론 함수까지도. 그녀는 자신이 누구이며, 어디에 있는가를 알아내기 위해 숫자를 이용했다.

그녀는 일생 동안 219개의 팝시클막대 아이스크림 - 옮긴이을 먹었고, 그 중 53개는 체리 맛이었다. 그녀는 마흔다섯 살이고, 몸무게는 58킬로그램이다. 그녀에게는 15개의 매니큐어가 있는데, 4개는 굳었다. 한 번은 속눈썹의 숫자를 세어 보려고 했는데, 그것은 너무 어려웠다. 17년간 독신으로 있었으며, 남자친구는 15명이었다. 평균 1년에 1명이 안 됐다. 그 중 2명은 아주 지적인 사람이었고, 4명은 얼간이였으며, 3명은 근사한 차를 가지고 있었고, 4명은 훌륭한 애인이었으며, 2명은 뭐라고 말할 가치도 없었다.

어느 비 오는 월요일, 그녀는 숨을 쉴 수가 없었다. 숫자들이 그녀의 목을 조르고 있었다. 숫자로 채색된 그녀의 존재가 밖으로 기어 나와 그녀를 쥐어짜고 있었던 것이다. 그녀는 숫자를 포기할 필요가 있다는 고통스러운 결론을 내렸다. 숫자 다이어트에 들어가야겠다고 생각했다. 그녀는 두려웠다. 그러나 선택의 여지가 없었다. 그녀는 숫자에 의해 죽게 될 것이었다.

숫자가 없는 삶은 처음에는 섬뜩한 것이었다. 숫자에 의해 분명하고 간결하게 정의되지 않는 삶을 어떻게 살아야 할지 알 수가 없었다. 숫자는 한결같이 함께 해온 그녀의 동료였으며, 세상의 모든 것과 그녀 자신에 대한 판단의 기준이었다. 그녀는 경계선이 없는 삶에는 익숙하지 않았다.

햇빛이 좋은 어느 화요일, 일주일간 지속된 숫자 다이어트 후에 그녀는 그동안 보았고 알았던 모든 것이 변화되었다는 것을 깨달았다. 그녀는 숫자 없이 사는 삶을 받아들였다. 기준이 없는 삶은 무한한 것이었다. 자유로움을 느꼈다. 모든 것이 신선해 보였다. 그녀 자신을 비롯해, 친숙한 오래된 것들까지도 새롭게 보였다. 경계선이 사라지자, 세상은 광활해졌고, 계획되지 않은 본연의 아름다움을 갖게 되었다. 마치 속옷을 안 입은 것처럼, 억눌리지 않고 가볍게 떠오르는 느낌이 들었다.

그녀는 나이를 헤아리지 않았고, 몸무게도 재지 않았다. 애인이 몇 명이었는지, 체리 팝시클을 몇 개나 먹었는지도 기억하지 않았다.

숫자에 의해 억눌리기에는 삶이…… 그리고 그녀 자신이 너무나 풍요롭고, 너무나 아름답다는 것을 알게 되었다.

목표

내 인생의

가장 큰 목표는

누군가를 만나는 것이다.

분실

기차역에서 귀중한 것을 세 번이나 분실했다. 지갑, 신용 카드, 그리고 내가 베니스에서 가져온 멋진 가죽 가방.

그때마다 나는 기차역에서 생활하는 노숙자들 중의 한 사람이나 아니면 머리카락은 너무 까맣고, 피부는 너무 하얀, 입술에는 검정색 립스틱을 바르고, 온몸에는 피어싱을 한 채 거리를 배회하는 십대 소녀들 중의 하나가 그것을 가져갔을 것이라고 생각했다.

그러나 매번 그 물건들은 나에게 돌아왔다.

세상에는 더 이상 선량한 사람이 없다는 좋지 못한 소문을 퍼트리기 시작한 사람은 도대체 누구일까? 착한 사람들은 어디에나 있다. 눈을 크게 뜨고 찾아보면, 당신도 그들을 보게 될 것이다.

심지어는 기차역에서도.

기준

느낌은 일종의 기준이 된다.

만일 어떤 것이 좋게 느껴지고
그 느낌이 마음 깊은 곳에서
우러나는 것이라면,
그런 일을 더 많이 하라.
좋은 일이다.

그러나 만약에
느낌은 좋지만
가볍게 일어나는 감정이라면
무시하라.

그것은 게임을 좀 더
재미있게 만들어 주는
감정의 사본들이다.

인생관

무슨 상관인가.

살아가라.

용어의 차이

사색을 즐기고 있던 어느 날, 그녀는 '용기' '명예' 그리고 '청렴' 이라는 단어들과 마주치게 되었다. 그녀는 그런 단어들이 아주 낯설다는 생각이 들었다. 그런 단어는 남자들이나 쓰는 말이다. 그녀가 어렸을 때는 이런 말을 들은 적이 없다. 동화 속 여주인공들은 그런 단어를 한 번도 쓴 적이 없었고, 상상 속의 공주들과 그녀의 바비 인형들도 그런 단어들을 입 밖에 낸 경우는 없었다. 그러나 오빠가 가지고 놀던 장난감 병정들은 그런 단어를 쓰곤 했다.

그녀는 그 단어들이 여자인 그녀의 삶에 새롭고 더 값진 것을 더 해 줄 수 있다고 생각했다. '용기' '명예' 그리고 '청렴' 이라는 단어를 발음하면서, 그녀는 그것들을 혀로 굴려 보았다. 맛있었다. 그녀는 이 남자들의 단어를 자기의 것으로 만들어 그녀의 삶에 불어넣기로 했다.

마찬가지로 남자들은 어렸을 때에 '동정' 이라든가 '사랑스러움' 이라든가 '양육' 과 같은 말들을 들어 보지 못했을 것이라는 생각이 들었다. 여자들은 물론 – 주로 잘못을 했을 때 – 이런 말들을 들으며 자랐다. 그녀가 만나는 모든 남자들에게 이 소녀용 단어들을 가르쳐 주어야겠다고 마음먹었다. 이 단어들의 맛을 보면, 아마 그들도 좋아하게 될 것이다.

그녀는 남자와 여자가 서로에게 잃어버린 말들을 가르치는 때가 올 거라고 상상하면서, 다른 가족들도 똑같은 일을 하게 되기를 바랐다. 그러면 우리는 결국 반대의 성이 그렇게 반대되는 것만은 아니라는 것을 알게 될 것이다. 그리고 그 좋은 말들이 결코 특정한 성을 의미하는 게 아니었다는 것도 알게 될 것이다.

색칠

경계선 바깥을 색칠하고 있는
당신 자신을 발견한다면,
그리고 그것이
당신을 초초하게 만든다면,
경계선을 더 넓게 그려라.

씨앗 이론

최근에 새로운 과학 이론이 각광을 받고 있다. 그 이론은 과학계 전체에 반박할 수 없는 진리로 폭넓게 받아들여지고 있다. 모든 신문들과 과학 잡지들에도 보도되고 있다.

그것은 '씨앗 이론' 이라고 한다. 행복을 경험하게 되는 순간에 사람들은 그 행복의 씨앗을 수집하게 된다는 것이다. 행복의 씨앗은 눈에 보이지는 않지만 가장 많은 씨앗을 가지고 살아가는 사람이 인생에서 승리하게 된다고 한다. 그 이론은 이것이 성공에 대한 진짜 새로운 개념이라고 주장한다.

이 새로운 설명에 의하면, 마약을 파는 여자들을 포함해서 뚱뚱한 사람들, 가난한 사람들, 안 어울리는 옷을 입은 사람들, 얼굴까지 털이 난 여자들, 털이 없는 남자들 등 모두가 다 성공한 사람들이다. 이 이론은 지금까지 결코 성공적으로 살았다고 생각하지 않는 사람들에게까지도 완벽하게 적용할 수 있다.

우리는 잘못된 판단 기준을 가지고 성공을 정의해 왔다. 세상이 평평하다고 생각했던 것만큼이나 잘못된 관찰을 하며 세상을 살아온 것이다. 그 기준들 중의 하나인 돈이 실제로는 성공과 아무 상관도 없음이 최근에 밝혀졌다. 아름다움도 마찬가지이다. 흥미롭게도 지능도 성공의 기준은 아니다. 결국 이러한 특성을 가지고 있는 사람들이 반드시 행복의 씨앗을 더 많이 가지고 있는 것은 아니라는 것이다. 사실, 그들 중 다수는 행복의 씨앗이 결핍되어 있는 것처럼 보인다.

따라서 이제 당신보다 더 부자이고, 더 잘생기고, 더 지적인 사람들이 큰 집에 살면서 멋진 파티에 참석하고 세계 여행을 다니는 것을 보면서, 그들이 당신보다 더 성공한 사람들이라고 느끼더라도, 그런 느낌을 더 이상 과학적이라고 말할 수는 없다.

당신이 작은 집에 살고, 적은 급료를 받으며, 동네 사람들 모임에 참석하고, 휴가 때는 텐트를 지고 떠나면서도 부지런히 행복의 씨앗을 모아왔다면, 이제 당신은 부자이고, 지적이고, 잘생긴 다른 많은 사람들보다 훨씬 성공적으로 살고 있는 것이다. 그러니까 당신은 해오던 일을 계속하면 된다.

행복하라. 성공하라. 씨앗을 모아라.

잡동사니

나에게는 나의 잡동사니들이 있고, 다른 사람들에게는 그들의 잡동사니가 있다. 이것을 알게 되면서 곧바로 나의 것과 남의 것을 구분할 수 있게 되었다. 실제로 그 잡동사니들의 경계도 볼 수 있게 되었다.

나는 그 선을 넘지 않기로 했고, 다른 사람들도 그 선을 넘어오지 못하게 하려고 마음먹었다. 내가 가진 시시한 것들을 사람들에게 주지도 않을 것이며, 다름 사람들의 것을 받지도 않으려고 했다.

그래서 이제는 남들이 나에게 그들의 잡동사니를 주려고 하면 거절한다. 내 것만으로도 충분하다. 때때로 내가 무심결에 내 것을 그들에게 주려고 할 때면, 나 자신을 급히 붙들어 말리고 그들에게 사과한다. 그리고 다시 가져온다.

모든 사람들이 가지고 있는 잡동사니는 다 맞춤이라서, 다른 사람들에게는 썩 잘 어울리지 않는다.

안경

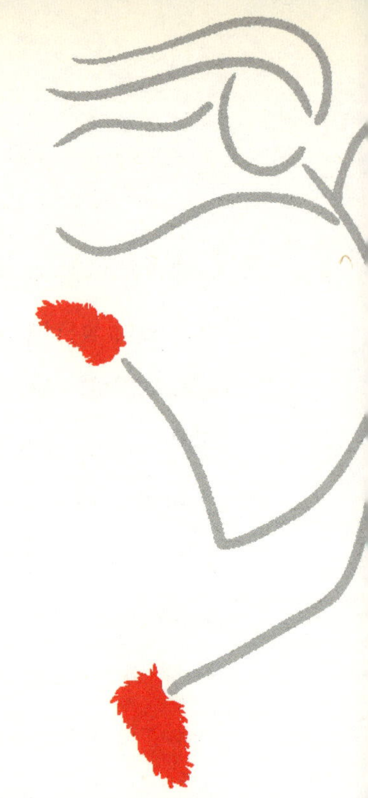

당신도 아마 알고 있을 것이다.
행복할 때는
언제나 행복했던 것처럼 느낀다.
그리고
늘 행복할 것이라고
생각한다.

슬플 때도 마찬가지이다.
슬플 때는
늘 슬펐던 것 같고
영원히 슬플 것이라고 생각한다.

그것은
행복과 슬픔이라는
한 쌍의 안경을 쓰고
세상을 바라보는 것과 같다.
당신이 어느 곳을 바라보고 있든
당신은 바로 그 순간을 느끼고 있다.

안경을 쓰고 있다는 사실을

잊지 마라.

속을 수도 있다.

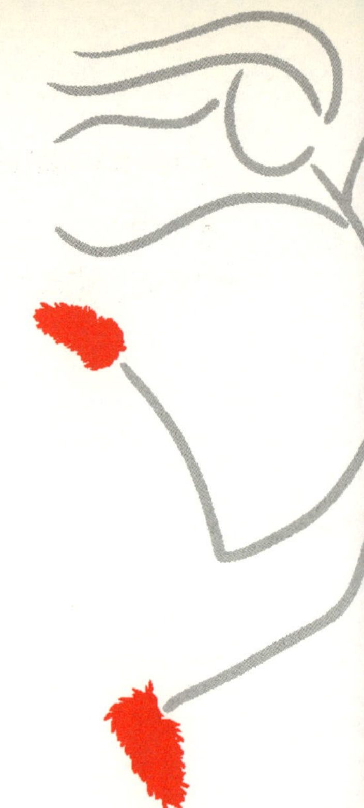

기차에서

기차를 타고
미니어처를 따서
샤르도네 포도주를 한 모금씩 마시며
창밖의 풍경을 바라본다.

어떤 깨달음에 도달한다.

나 또한
아름답고 감동적인 풍경의 일부이다.
단조로운 푸른 하늘에
퍼덕이는 흰 갈매기의 날개
물결 위로 불어오는 미풍과 함께
부드럽게 물결치는 해초들
부드러운 혓바닥으로
내 뺨을 핥는 강아지의 숨 냄새,
나는 이 모든 것들의 자매이다.

나는

여기에서
걸을 때,
말할 때,
웃을 때,
울 때,
비명을 지를 때,
나는 나의 존재로 세상을 장식한다.

버림받았지만
여전히 웃을 수 있는
집 없는 여자와
못생겼지만
그 사실을 모른 채,
팔을 휘두르며
유쾌하게 뛰노는 아이,
나는
그 아름다운 움직임들을 지켜본다.

오래전에
우리는

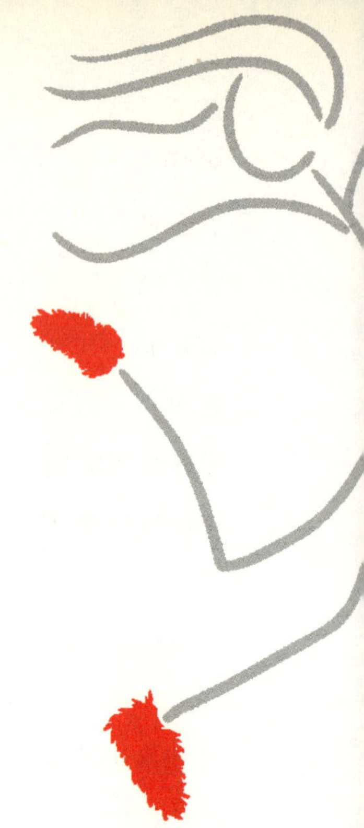

이곳을 선택했다.

그리고

떠날 때까지

이곳에 머문다.

이곳을 떠나면

우리는

이곳에서 멀지 않은

아니면 아주 멀리 있는

또 다른 풍경의

일부가 될 것이다.

다른 풍경 속에는

초록빛 하늘과

자주색 바다가 있을 것이다.

강아지의 혀는 거칠고

고양이의 혀는 부드러울 것이다.

아마 다를 것이다.

그러나 여전히

아름다울 것이다.

나의 것

가끔은, 여름밤의
산들바람이 부드럽게
내게로 불어온다.

가끔은, 밤의 새들이
나를 위해
세레나데를 부른다.

가끔은, 야외 음악회의
어렴풋한 음악이 나를 찾아
바람에 실려 온다.

어떤 밤이면, 일그러진 달이
나에게 미소 지으며,
달빛을 던진다.

어떤 밤이면, 은색 별빛이
나를 찾아와

별의 노래를 들려준다.

어떤 여름밤은
오직 당신만을 위한 것이고,

이 밤은
나의 것이다.

더, 더

자신을 소비하라.
당신은 결코
비워지지 않는다.

더 많이
얻게 될 것이다.

인공적인 것

'인공적' 인 것들은 보통
평판이 좋지 않다.

그렇다면, 인조 가발은 어떤가.
분홍색으로 칠해진 인공적인 크리스마스 나무도 잊지 말자.

비발디의 '사계'
베토벤의 '황제협주곡'
다빈치의 '시스틴 성당'
페니실린
빨간색 손톱 매니큐어
그리고 흰머리를 감춰 주는 염색약도
인공적이다.

그리고 보기에 따라서는
당신과 나도 그렇다.

상인

사람들은 그녀를 '상인'이라고 부른다. 그녀는 감정을 수집하는데, 가끔은 사람의 몸에서 나는 소리를 모으기도 한다. 그녀는 이런 것들을 가지고 다른 감정이나 다른 소리를 찾는 사람들과 거래한다.

그녀는 사람들이 토해내는 한숨을 수집한다. 그녀는 많은 사람들이 자신들이 가진 중요한 것들을 버린다고 생각한다. 특히 한숨을 좋아하는데 꼭 거래를 해야 한다면 팔기도 하지만, 대개는 그녀 자신을 위해 보관한다.

때때로 웃음을 없애 버리려고 하는 사람들과 만나기도 했다. 자기 연민에 빠져서 그것만을 탐닉하려고 결심한 사람들에게는 더 이상 쓸모가 없었기 때문이다. 그녀는 기쁘게 그것들을 받아온다. 웃음은 상당히 가치가 있다. 예의 바르고 가장된 웃음은 구하기가 어렵다. 사람들은 주로 파티에 가지고 간다. 그것이 필요할 수도 있기 때문이다. 그러나 진실한 웃음은 구하기 쉽다. 그것은 잘 사용되지 않아서 사람들의 주머니 속을 굴러다니는 경향이 있기 때문이다.

늘 도로를 벗어나고 싶어 조바심을 내는 여자들에게서는 트림이나 방귀를 구하기가 쉽다. 그녀는 그것들을 몸에서 소리가 안 나는 십대 소년들에게 팔아서 제법 괜찮은 보조 수입을 올린다. 그녀가 신선한 보급품을 가지고, 학교의 사슬이 묶여 있는 울타리 쪽으로 움직이는 시늉만 해도 소년들이 달려온다. 그녀는 종종 트림이나 방귀를 냉정해 보이고 싶어 하는 십대들의 기쁨과 교환하기도 한다. 기쁨을 표현하게 되면 그렇게 냉정해 보이지 않는다는 것을 10대들은 잘 알고 있는 것이다.

그녀는 그들이 기쁨 중의 일부를 비밀스럽게 가지고 다니다가 그들끼리 은밀히 나눈다고 짐작했다. 그들은 비밀스런 꾸러미를 만들었는데, 어른들에게는 특히 부모님들에게는 보여 주고 싶어 하지 않았다. 그들은 항상 우울하고 비참해 보이고 싶어 한다. 십대 소녀들도 우울하고 비참해 보이고 싶어 한다. 그래서 기쁨의 감정을 연모와 넋두리 또는 낭만적인 생각과 교환하려고 한다. 그들은 또한 극적으로 눈동자를 굴리며 곰곰이 생각할 때 자주 사용되는 크고, 길고, 깊은 한숨을 좋아한다.

그녀는 나이와 상관없이 모든 남자들이 방귀 거래를 좋아한다는 것을 알고 있다. 특히 결혼한 후에는 더 그렇다. 그들은 그 좋은 방귀를 가지고 한 주간을 보내기 위해서, 감수성이라든지 상냥함과 거래한다. 나이든 남자들은 절대로 방귀를 팔아치우지 않는다. 그들은 그것을 소중하게 간직했다가 필요할 때 아낌없이 사용한다.

꿈의 경우에는 아주 구하기 힘들거나 혹은 쉽거나 둘 중의 하나이다. 어떤 사람들은 그것을 단단히 잡고 절대로 팔지 않는다. 그러나 그녀는 많은 사람들이 더 이상 꿈을 믿지 않으며, 기꺼이 체념한 듯한 우울과 교환한다는 것을 알고 있었다. 그러나 아이들은 늘 꿈을 간직한다.
세계를 여행하며 그녀는 거래의 유행을 파악한다. 감수성이 가장 많이 거래되는 곳은 프랑스이다. 사실상 유럽 전역에서 감수성 거래의 비율이 높고, 놀랍게도 괌에서도 그렇다. 그러나 미국에서는 침울한 절제가 유행한다. 이것은 남자들만 요구하는 것이 아니다. 일반적으로 세계 각국의 모든 여성들이 관능을 많이 찾는다.
어린아이들은 어떤 감정이든 기꺼이 팔지만, 어떤 것은 다시 돌려 달라고 하기도 하는데 그런 것은 별로 달갑지 않다. 아이들은 분노까지도 좋아한다. 감정을 차별하지 않는다. 아이들은 기쁨과 놀 때와 똑같은 즐거움을 가지고 분노와도 논다.
그 '상인' 은 행복한 삶을 살았다. 그녀는 수집한 것들 중에서 남아 있는 감정들과 소리들을 보관했다가, TV에서 재미있는 쇼를 안 하는 날 저녁이면 그것을 꺼내서 즐겼다.
그녀는 자신의 생활과 직업을 사랑했다. 결코 지루함을 느끼지 않았다. 기분에 따라서 벽장 속에 들어 있는 다양한 감정들을 불러내곤 했다. 그녀는 행복한 여자였고, 생동하는 감정들과 몸에서 나는 소리라는 대단한 물건들이 빽빽이 들어찬 풍요로운 삶을 살았다.

나는

나는 시기한다, 열정적으로
나는 증오한다, 지독하게
나는 사랑을 나눈다, 간결하게
나는 사랑한다, 꼼꼼하게
나는 불안정하다, 전문가로서
나는 질투한다, 엄청난 갈망으로
나는 문을 연다, 공간이 있다면
나는 닫는다, 공간이 없다면
나는 갈망한다, 누군가를 두려워하지 않을 때면
그리고 때로는 두려워할 때에도
나는 두려워한다, 당당하게
나는 리듬을 탄다, 음악이 좋을 때
나는 뜨겁게 리듬을 탄다, 혼자 있을 때
나는 비행한다, 그물에 걸리지 않고.

꿈

꿈이 있었다.

그 꿈은 나에게
세상과 사람들에 대한
조감도를 주었다.

멀리서
더 높은 곳에서 바라보면
모든 사람들은
소박하고
아름답고 감동적이며
강약이 있는 춤을 추고 있었다.

삶의 리듬이
모든 사람들에게 흘러들어
춤에 생명을 주는
스텝은 서로 달랐지만
같은 박자로 춤을 추고 있었다.

그러나

땅에 있는 사람들은

커다란 혼란 속에서

제멋대로 움직이고 있다고

생각했다.

그것은 사실이 아니다

우리는 자신을
너무 작고
보잘 것 없다고 생각했다.

전체로서의 우리가
얼마나 아름다운지
아무도 몰랐다.

우울증

우울증은 가을과 한겨울에 찾아온다. 그것은 봄과 여름에는 칩거한다. 그 계절의 빛을 견딜 수가 없기 때문이다.

처음, 우울증은 우중충한 잿빛 구름처럼 서서히 다가왔다. 그 구름은 곧 나를 에워싸기 시작했고, 곰팡이처럼 자라났다. 그것을 방치하면 검고, 두껍고, 끈끈해진다. 그 끈끈함은 아주 들러붙어 버려서 털어내려면 힘이 든다.

우울증에는 이유가 없다. 까다로워서 놓아 버리기도 어렵다. 너무 오래 슬픔에 잠겨 있을 때에도 우울증이 발생할 수 있다. 그러나 슬픔은 우울증과는 다르다. 그것은 갑자기 다가오고, 그 속에 잠길 만한 분명한 이유가 있다. 슬픔은 부드러울 수도 있고 낭만적이라고 할 수도 있지만, 우울증은 그저 불쾌할 뿐이다.

우울증은 잠행潛行하는 특성을 가지고 있어서 처음에는 찾아내기가 어렵다. 내가 인식하기 전까지는 나를 완전히 장악하고 있다. 나의 인생관을 가로채고, 내가 인생을 완전히 다른 각도로 바라보기 전까지는 천천히 그리고 지속적으로 나를 점령한다. 인생은 그렇게 훌륭하지도, 그렇게 행복하지도 않은 국면으로 접어든다. 우울증에 사로잡히면 인생이 완전히 변화된 것처럼 보인다. 그러나 그렇지 않다. 변화된 것은 인생이 아니라 관점이다.

절망은 우울증이 걸치고 있는 외투와 같다. 한 벌의 옷처럼 내게 걸쳐져 나를 덮어 버리고, 기쁨은 사라진다. 오직 기쁨의 그림자만을 바라볼 수 있을 뿐이다. 기쁨이 어떤 느낌인지 만져 볼 수도, 기억할 수도 없다.

내가 모든 것을 잃었다고 생각할 때, 한 조각의 기쁨이 내 어깨를 톡톡 친다. 처음에는 가볍게 두드리다가 점점 더 세게 친다. 그리고 마침내는 자신을 알아봐 달라고, 그리고 관심을 가져 달라고 요구하며, 아우성을 치기 시작한다. 그때서야 나는 작고 희미한 기쁨을 발견한다. 그것을 진창 아래로 떨어뜨려 영원히 잃어버리게 될까 봐 두려워하며 절망적으로 부여잡고 끌어안는다.

그것은 너무나 작다. 그러나 두려워할 필요가 없다. 그 작은 기쁨은 제어할 수 없는 것이고, 강하고 단호하게 나에게 매달리기 때문이다. 그리고 자라기 시작한다.

나는 회복할 준비를 시작한다. 웃음과 엔도르핀을 만들어 내는 기관의 연동 장치를 가동한다. 운동을 하고, 재미있는 영화를 보고, 쇼핑을 하며, 나를 행복하게 만들어 주고 웃게 해 주는 것이면 무엇에든 빠져든다.

처음에는 억지로 웃는다. 사실 사기다. 행복의 깊이도 얕다. 그러나 어느 순간 갑자기 그것은 진짜가 되기 시작한다. 나는 다시 사람들을 만나고 친구들과 약속을 한다. 감정을 교류하기 시작하고, 우울증은 공기 중으로 서서히 풀어져 나간다.

내가 우울증과 적극적으로 싸우고 있을 때, 신은 내 앞에 아주 작은 기적을 놓아둔다. 상쾌하고 아름다운 날에 눈을 뜨면, 벌새 한 마리가 창가로 날아와 나를 바라본다. 무언가 망설이듯이 평상시보다 더 오랫동안 공중에 머무르며 날개를 파닥인다. 나는 미소를 짓는다. 새도 화답하듯 미소 짓는 것처럼 보인다.

그리고 그렇게 우울증은 서서히 소멸한다. 세상에 대한 진실하고 올바른 관점들이 앞을 다투어 제자리로 돌아온다. 작은 기쁨의 조각은 활기차게 수선을 떨면서 나의 삶에 없어서는 안 될 부분이 될 때까지 계속 자라고, 늘어난다.

확고한 의지를 가진 기쁨은 우울증보다 더 강해서 우울증은 그것을 억제할 수가 없다. 이따금씩 기쁨이 숨어 버릴지라도, 곧 그 충만한 영광 속으로 다시 돌아올 것이다. 우울증은 기쁨의 리듬 속에서 띄엄띄엄 뛰는 박자이며, 잠시 멈추는 기차역일 뿐이다. 기쁨은 우리 삶의 중심이 그리고 고동치는 심장의 중심이 자신의 자리라고 주장한다. 그리고 당연히 그 지위를 누릴 권리가 있다.

너무

사람들은 내가
너무 민감하고,
너무 감정적이며,
너무 분석적이라고
말했다.

너무 분석적이라…….
당연히
이 말도 분석해 보았다.
여기에 그 결과가 있다.

1부터 10까지 있는 저울에서
나의 민감성 지수는
7쯤 될 것이다.
그리고 당신의 지수는
5 정도일 것이다.
당신도 알다시피
내가

'지나치게' 예민한 것은 아니다.
당신이
'지나치게' 둔한 것일 수도 있다.
누군가가 당신에게
'너무' 뭐뭐하다고
예를 들어
너무 실리적이고
너무 충동적이고
너무 논리적이고
너무 소란스럽고
너무 조용하고
너무 부끄러움을 타고
너무 요구가 많다는
등의 말을 하거든
제발
부담 없이 받아들여라.

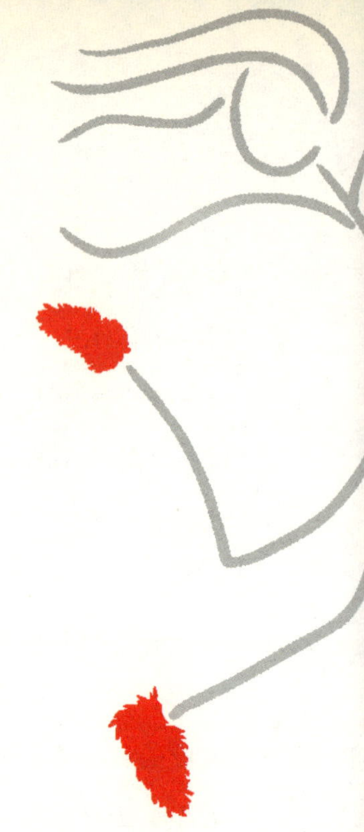

짭잘한 거짓말

거짓말을 하면
목 안을 할퀴며
넘어가는
굵은 소금처럼
거칠고 까슬까슬한
느낌이 든다.

그러나
가슴에서 우러나오는
절대적인 진실을
말할 때면
무더운 날
시원한 물을 한 잔
마시는 것처럼
상쾌한 기분이 든다.

진실과 거짓에도
등급이 있다.

‘거의’ 거짓인 것이 있고,
‘부분적으로’ 진실인 것이 있다.
이러한 느낌들은
소금과 시원한 물 사이에 있는
어떤 것이라고 느껴진다.

우리는
이런 느낌들을 통해
그 차이도 알 수 있게 된다.

시원한 물을 찾아 나섰는데,
종종
시원하지만 짠 바다에서
헤엄치고 있는
자신을 발견하기도 한다.

지옥

글을 쓰며
시간을 보내는 것은
연인과 함께
시간을 보내는 것과 같다.

책을 출판하려고 애쓰며
시간을 보내는 것은
몸에 딱 붙는 근질근질한 모직 옷을 입고
지옥에서
조깅하는 것과 같다.

필요한 것은

상냥함이다.

그들에게는 그것이

필요해 보이지 않는다.

그러나 제발

그들의 억센 외모에 속지 말라.

가장 억센 외관에는

가장 부드러운 손길이 필요한 법이다.

마치 영혼이 너무 민감해서 넣어 두어야 하는 것처럼

그들은 강력한 요새의 보호가 필요하다.

그래서

요새가 지어진다.

뜻밖에도

그 강력한 요새가

상냥해졌다는 것을

나중에야 발견하게 된다.

이것은 특히
펑크머리에
입술은 검게 칠하고
문신을 한
십대들의 이야기이다.

그런데
'앞쪽에 요새 있음.'
'내부 깨지기 쉬움.' 이라는
내용을 담고 있는
도로 표지판은
거의 찾아볼 수가 없다.

제발 이 상냥한 사람들에게
친절하게 대해 주어라.
신이 총애하는 이들이다.

의구심

나는 종종 의심을 한다. 그러니까 내 말은, 레스토랑 주인들이 테이블에서 남은 빵을 뜯어먹은 흔적이 있는 부분은 잘라내고, 다시 쓰는 것은 아닌가 하는 의구심이 든다는 것이다.

보건 당국은 남은 빵을 누군가가 먹다 남긴 빵과 함께 보관하는 것은 물론이고, 새로운 고객에게 '새 빵' 이라고 제공하는 것을 금지하고 있다. 굶주린 노숙자들에게 주는 것도 허락되지 않는다. 되풀이해서 말하지만 보건 당국이 금지하는 일이다. 나는 남은 빵들을 새들의 먹이로 주는 것을 한 번도 본 적이 없다.

더 큰 의문은 내가 왜 그렇게 사소한 일에 시간을 허비하고 있느냐는 것이다. 그러나 이 사소한 의문들은 "신의 진짜 이름은 무엇인가? 그의 일은 어떤 방식으로 진행되는가? 왜 그런 일들을 하시는 걸까." 와 같은 더 큰 의문으로부터 나의 뇌를 쉬게 해 주는 것이라고 생각한다.

그러나 나를 가장 난처하게 만드는 질문은 역시 이런 것이다.

"멕시코 식당들은 남은 음식으로 요리를 할까?"

당신 속에서

당신 자신의 머리와
당신 자신의 마음에서
흥미로운 모든 일이
일어난다.

그 속에 머물러 있어라.

불쾌해

나는
사람들이
"너에게 관심이 있다."
라는 식으로 말하는 것이
이해가 안 된다.
그것은 입에 담기에는 아주 가벼운 말이다.
언어의 낭비이며,
침 낭비다.
알맹이가 없다.

'사랑' 이라는 말이
심각하게 기피되고 있는 것 같다.
왜 그럴까?
사람들은
그들이 좋아하는 낡고 오래된 티셔츠나
책
새 차
노래

발 편한 낡은 신발 한 켤레를

사랑한다고 말한다.

그러나

나를

'사랑' 한다고

말하는 것은

왜 두려워할까?

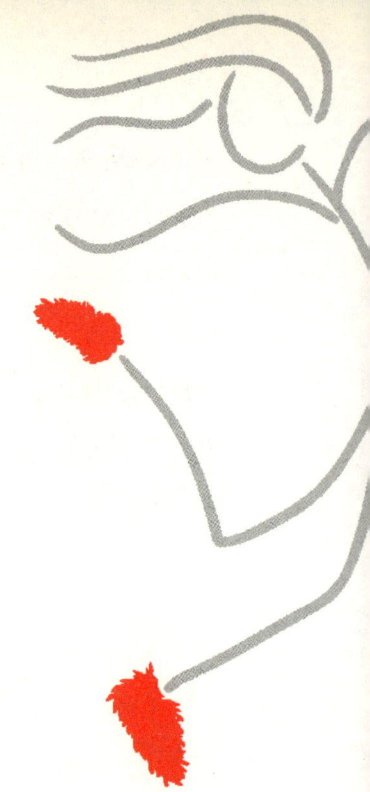

기준

원하는 것을
충분히 얻지 못했다면
기준을 높여라.
더 많은 것을 얻을 수 있을 것이다.

그렇지 않으면
기준을 낮춰라.
이미 원하는 모든 것을
갖고 있다는 것을
알게 될 것이다.

지루함

지루하거든
나무그늘 우거진 산책로에
나가 앉아라.
한 쌍의 남녀가 지나가거든
그들이
알몸으로 사랑을 나누고 있다고
상상하라.

아니면,
당신이 알몸으로 사랑을 나눈다고
상상하는 그들을
상상하라.

약점

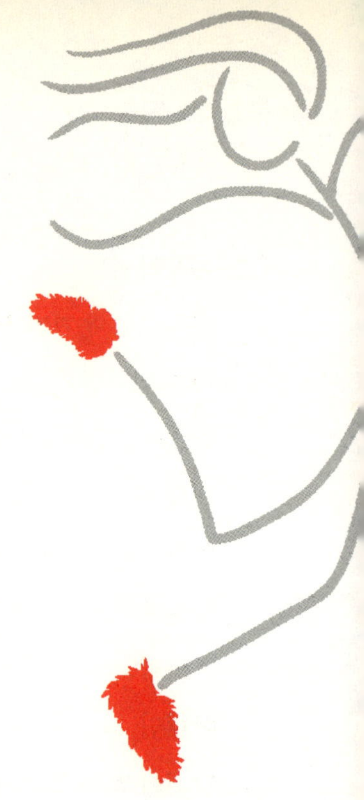

나의 약점은 나의 매력.

오, 그렇다.
나는 그것을 알고 있다.
그렇다.
그것은 나에게 도움이 된다.
정말 흥미롭게도
특정한 성격이
어떤 사람들에게는
결점으로 보이지만
또 어떤 사람들에게는
'매력' 이 된다.

솔직하다는 것은
어떤 사람에게는
바람직하지 않은
결점이다.
그러나 어떤 사람들에게는

정직하고, 직선적이며, 똑바른
바람직한 것으로
여겨진다.

이것은
적어도 다른 사람들의
기준에서 볼 때에도
나의 결점이
정말 결점이라고
단정하기 어렵게 만든다.

나는 내 결점들에 대해
객관적일 수 없다.
그래서
다른 사람들의 견해에
의존한다.

만일 모든 사람들이 다 모여서
나의 결점들이
정말 결점이라는

합의에 도달한다면

나는 기꺼이 그것을 바꾸겠다.

그러나 그런 일은

일어나지 않을 것이다.

그래도 혹시

그런 일이 생기지는 않을까

계속 의심이 든다.

어떤 말들

발음할 때
다른 단어들보다
더 재미있는 단어들이 있다.
'코코넛' 이라는 단어를 보라.
당신이 슬프다고 느낄 때
그냥 '코코넛' 이라고
말해 보라.
곧 기분이 나아질 것이다.

그러나
구역질이 날 때는
'콧물' 이라는 말은
절대로
사용하면 안 된다.
취했을 때는
'시시껄렁하다' 는 말은 하지 마라.
혀가 꼬이기 쉽다.

뭔가 문제가 있어 무겁고

축 처지는 기분이 들 때,

당신의 세계가 어둡고 회색으로 느껴질 때,

그냥

'기쁨' 또는

'바람' 이라고 말해 보라.

그 말이 곧바로

당신을 가볍게 해 줄 것이다.

두려움

어떤 일을 할 때
두려움이 느껴진다면,
그건 해도 좋은 일이다.
그 두려운 일을
행하라.

SEXIST

섹시스트원래는 성차별주의자 – 옮긴이라는

말은

섹스를 좋아하고

또 많이 하는 사람이라는 뜻으로

사용되어야 한다.

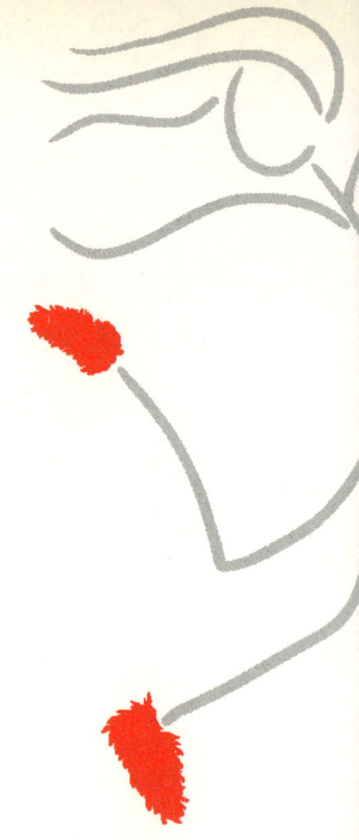

분노와 기쁨과 웃음과 오르가슴

분노를 그저 응시한다거나
화를 내야 할지
말아야 할지를 신중하게
생각해 본
기억이 없다.

생각하거나
선택할 여지도 없이
언제나
그 속으로 달려 들어갔다.

나에게
분노는 선택 사양이 아니다.

기쁨과 웃음도
마찬가지이다.
웃어야지, 기뻐해야지라고
의식적으로 생각하지 않고

그냥 웃고, 기뻐한다.

남자들에게는
오르가슴이
그런 식이라고 들었다.
그들은 오르가슴 속으로 무작정 돌진한다.
선택의 여지가 없다.

그러나 여자들은
오르가슴의 경계에서
참을 줄 알고,
원하지 않는다면
그 경계 안으로 들어가지 않겠다고
결정할 수 있다.

그러나
나는 늘
오르가슴을 선택한다.
누가 그것을 선택하지 않으려고 하겠는가?

희망

나는 바란다.

한 조각 꿈조차도
남겨 두지 않고
자유롭게 날아갈 수 있는
용기.

모든 사람을
내 주위의 모든 사람들을
선택할 수 있는 권리와
보너스.

떠나면 내가 쓰러질 정도로
누군가에게 기대지 않는 것.
비틀거리는 건, 괜찮아.
그러나 쓰러지는 건, 안 돼.

신들이 그들처럼

나를 날게 해 주는 것.

바람이 불면 갈색으로

무턱대고 날리는 나뭇잎이 아니라

기류를 타고 높이

더 높이 나는

갈매기.

통제할 수 있는 용기.

바람에 기댈 수 있는 용기.

비 뿌리는 사람들

행진의 비라고 불리는
족속들이 있다.

이 무리에 속하는 사람들은
아주 어린 나이부터
다른 행렬에
비를 쏟아 부었던 적이 있거나
아니면
천성적으로
축축하고, 모자라고, 괴팍하다.

이 사람들은
다른 사람들의 행진에 물을 끼얹는 것은
당연하며, 좋은 일이라고 생각한다.

뚝뚝 흘리는 물방울을 통해
당신도 그들을 알아볼 수 있다.
그들은 차갑고, 축축하고, 비참하다.

그들은 행렬에 동행하지 않는다.
그들의 행렬은 이미 오래 전에
해산되었기 때문이다.
음악도 없고
행진도 없고
웃음도 없다.

무슨 수를 써서라도 이들을 피하라.
그들은 당신의 행렬에
억수 같은 비를 쏟아 붓고,
당신을 적셔 뼈 속까지 떨게 만들 것이다.

어쩌다가
그들과 부딪히거든
우산을 펴라.

속도

그녀는 차분하고 조용해지려고 노력했다. 그러나 그녀는 침묵하고 있을 때조차도 시끄러웠다. 휘파람은 포효하는 소리처럼 들렸고, 발가락 끝으로 걸어도 쿵쿵거리는 소리가 났다. 그녀는 사람들과 융합하기 위해 노력했지만, 그러지 못했다. 날카로운 모서리를 누그러뜨리기 위해 애썼지만, 그녀의 모서리들은 강하고 또렷하게 남아 있었다. 온화한 파스텔처럼 되려고 노력했지만, 그녀의 기본적인 색채들은 요란한 소리를 질러댔다. 그녀의 리듬은 세상의 다른 사람들과는 달랐으며, 아무도 들어보지 못한 음조에 맞추어 낯선 스텝으로 춤을 추었다.

그녀는 자신이 다른 사람들과 다르다는 것을 알고 있었다. 그러나 왜 다른지, 어떻게 다른지는 알지 못했다. 단지 그녀의 심장이 다른 사람들보다 더 빨리 뛴다는 것만을 알고 있었을 뿐이다. 어떤 때에는 이 차이가 매력 있고 낯설게 느껴졌으며, 그녀를 특별한 사람으로 만들어 주었다. 그러나 대개는 이상하고 소원한 느낌을 주었다.

그녀는 좀 더 천천히 가려고 애쓰면서 그녀의 삶을 잘 조절해 왔다. 천천히 생각하자. 느려지자. 세상의 다른 사람들과 보폭을 맞추자. 그러나 때로는 정말 우연히 그리고 예기치 않게 빠른 속도에 홍겨워져, 그 속도감을 즐기며 자신의 속도로 다른 사람들을 앞질러 나갔다.

어느 날, 뚜렷한 이유도 없이 그녀는 아주 빨리 달릴 수 있도록 해 주는 그 전위적인 속도를 늦추려고 매달아 두었던 신중함과 구속을 제거해 버리기로 마음먹었다. 그리고 그녀가 새롭고 억압되지 않은 자유를 느끼며 전속력으로 달릴 때, 다른 사람들도 그녀를 따라 질주하기 시작했다는 것을 알게 되었다. 그녀는 동반자를 얻게 되었고, 그것은 그녀를 놀라게 했다.

그녀가 속도를 내자 동료들도 함께 속도를 냈다. 그녀가 일으키는 바람이 다른 사람들을 그녀의 속도에 흡수하고, 그들은 더 빨라졌다. 그들도 마음에 들어 하는 것 같았다. 그렇다면 그들도 속도를 자제하고, 목소리를 낮추고, 파스텔처럼 온화해지려 애쓰고, 다른 사람들과 속도를 맞추는 데 너무 많은 시간을 소모했던 것일까? 그들도 역시 자신들이 다르다고 느끼고 있었던 것일까? 그랬던 것이 분명하다.

처음으로 그녀는 자연스러운 심장의 박동과 같은 속도로 달리는 것이 기뻤다. 그리고 그녀의 곁에서 번개 같은 속도로, 같이 달려 주는 동료들이 고마웠다. 전에는 전혀 몰랐던 형제애와 같은 우정을 알게 되었다.

소망

나는 작가가 되고 싶었고
작가인 척하고 있었다.

나는
작가가 되기로 했다.
이것은 내가
글을 쓸 것이라는 것을
높은 곳에도 쓰고
낮은 곳에도 쓰고
비스듬히도 쓰고
서툴게도 쓰고
잘도 쓰고
아무튼
글을 쓸 것이라는 것을
의미했다.
작가로서 실패할 수도 있다는 것을
알고 있었다.
그러나

실패해도

작가인 것이다.

글은

나의 심장이며

영혼이며

나 자신이었다.

심장의 고동

영혼의 비상

나

그리고

글.

그것은

내가 할 수 있는

가장

신성한 일이었다.

재능이 있기를

바랐다.

나만이 아니라

다른 사람들을 위해서.

나는 아직 소망한다.

나와 다른 이들

모두를 위해서.

한가한 날

'한가하고 행복한 날', 살면서 정말 자연스럽게 나타나는 기묘하고도 놀라운 날들이 있다. 이런 날에는 공기에서도 향기로운 냄새가 난다. 모든 순간이 즐겁고 수월하다. 화장까지 화사해 보인다. 머리카락은 윤기가 흐르고, 만나는 모든 사람들에게 매력 있어 보인다. 나무들은 더 초록빛으로 물들고, 하늘은 더 파랗다.

경쾌한 기쁨이 넘친다. 길을 지나는 동안 주변에 존재하는 모든 것들에 이유가 없다. 그냥 그렇게 있는 것이다. 특별히 옳은 일을 찾아 하지도 않는다. 자선을 베풀지도 않는다. 세상을 위해 특별히 좋은 사람이 되려고 하지도 않는다. 그저 자유로운 행복이 있을 뿐이다.

'그날'이 당신을 발견하고 내려 앉아 당신의 주위를 에워싼다. 그 행복한 날로 목욕을 한다. 신기하게도 세상이 당신의 각본에 따른다.

그러나 '한가하고 불쾌한 날'도 있다. 다시 말하지만 그것도 특별히 이유가 없이 찾아온다. 그냥 그렇게 온다. 당신을 발견하고, 당신에게 내려 앉아 찐득하게 달라붙는다. 개가 와서 귀찮게 하는 것도 아니고, 노인이나 아이들에게 매달려야 하는 것도 아니다. 그냥 한가하고, 가당찮게 불쾌한 날일 뿐이다. 공기는 칙칙해서 견딜 수가 없고, 조금만 움직여도 무지하게 힘이 든다.

당신의 삶이 변한 것도 없고, 나아진 것도 없는 것 같은 생각이 든다.

당신을 따라다니며, 괴롭혀 왔던 것들이 여전히 존재한다. 진전된 일은 아무것도 없는 것 같은 기분이 든다. 두통은 없는데, 머리는 맑지 않다. 머릿속에 '권태' 라는 말이 떠오른다. 기쁨이라는 말은 누군가가 그냥 지어낸 말인 것처럼 들린다. 만사가 귀찮다. 그날이 자신의 회색 그림자를 드러낸다. 기본적으로 빛바랜 색이다. 세상에 무관심해지고, 모든 것이 단조롭다.

만일 한가하고 불쾌한 날이 찾아오면, 당신의 심장을 들여다보라. 거기에 좋은 소식이 들어 있다. 심장 속에는 한가하고 불쾌한 날들이 머물지 않는다. 당신이 이미 한가하고 불쾌한 나날에 지쳐 기진맥진해 있다면, 그것은 곧 아주 한가하고 행복한 날과 만나기로 예정되어 있다는 뜻이다. 내가 신중하게 조사하고 과학적으로 관찰한 결과, 나쁜 날보다는 좋은 날이 세 배 반 정도 더 많다.

현기증

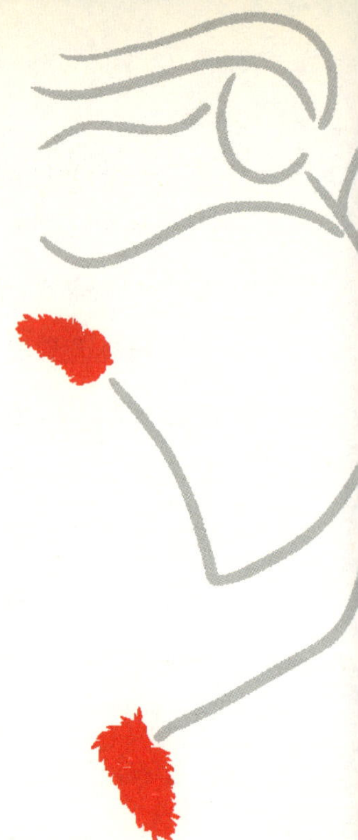

인생을 살면서
계속 아래만 보고 다닌다면
어쩌면
땅 위에 떨어진 돈을
발견할 수도 있다.

그러나 만일 위를 바라본다면
거기에는 하늘이 있다.
올려다보면서 현기증을 느낄 수도 있지만
현기증을 느끼며
하늘을 보는 것이
훨씬 더 나은
선택이다.

좌뇌와 우뇌의 차차*

좌뇌와 함께 거침없이 달릴 것인가, 아니면 우뇌와 함께 논리적이고 정밀하게 움직일 것인가. 이것은 끝없는 딜레마다. 어떤 사람들은 그 날그날의 상황에 의존하는 방식을 생각해냈다. 아침 9시부터 오후 5시까지, 월요일부터 금요일까지는 좌뇌를 사용하고, 저녁이라든가 주말 같은 나머지 다른 시간에는 우뇌를 사용한다.

창조성은 우뇌 안에 있지만, 반면에 창조성을 행동으로 옮기도록 조절하는 능력과 섬세한 서류 작업을 위해 창조성을 추방할 수 있는 능력은 좌뇌 안에 있다. 물론 우리는 우뇌로 사랑을 하지만, 대체로 한쪽 발은 왼쪽에 담그고 있다. 그것은 좋은 일은 아닌 것 같다. 완전히 우뇌로 사랑하지 않으면, 마음껏 뜨거운 사랑을 나눌 수 없기 때문이다.

춤추고, 노래하고, 웃는 것은 우뇌의 일이다. 그러나 그것은 좌뇌에게는 말도 안 되는 일이다. 수표장을 가늠하는 것은 좌뇌의 활동이다. 그러나 회계 장부를 포함해서, '도저히 찾아낼 수 없는 잡다한 실수들'이 발생하는 것은 전적으로 우뇌의 기능 때문이다. 공원에서 조깅하는 것은 좌뇌이고, 즐거워하며 깡충깡충 뛰노는 것은 우뇌이다.

나는 종종 똑같이 양쪽에 접속함으로써, 한가운데에서 공평하게 균형을 맞추려고 노력한다. 지레짐작으로 균형을 맞출 수밖에 없지만, 잘해 보려고 애썼다. 그러나 대개는 한쪽으로, 또는 다른 한쪽으로 사정

없이 기울어졌다. 그러면 지나치게 한쪽으로 균형점을 수정하고, 다음 번에는 또 다른 쪽으로 지나치게 쏠렸다. 결과는 좌뇌와 우뇌 사이를 이리저리 왔다 갔다 하며 접었다 폈다 하는 부채처럼 우스꽝스러운 회전 시소를 타는 꼴이 되어 버렸다.

나만 그런 것은 아니다. 대부분의 사람들이 이 같은 회전 시소를 타는 데 많은 시간을 소비하고 있다. 회전 시소를 관찰하는 것은 좌뇌의 기능이다. 균형을 잡으려는 끝없는 시도를 즐거워하는 것은 우뇌의 일이며, 그것이 우리의 우뇌를 키득키득 웃게 한다.

*차차 : 남미에서 유래한 빠른 춤곡 – 옮긴이

춤을 측정하는 여자

그녀는 춤을 측정하는 전문가가 되는 훈련을 받았다. '춤의 치수를 지배하는 여왕' 이라는 명칭을 얻었다. 좀 길다는 것은 알고 있었지만, 왠지 비중 있게 들리는 그 칭호를 좋아했다. 우선 그녀는 사람들이 추는 춤의 폭과 높이를 쟀다. 다음에는 그 측정 기록들을 가지고 '춤의 기준' 이라는 책을 냈다. 그녀는 자신의 직업이 어떤 것인지 분명하게 알고 있었으며, 사람들에게 다른 사람과 비교해서 그들의 춤은 어떤 측정치를 가지고 있는지 알려 주는 유용한 서비스를 제공한다고 생각하고 있었다.

어느 날, 그녀는 사람들이 춤의 치수에 지나칠 만큼 관심이 없다는 것을 알게 되었다. 사람들은 그저 춤을 즐기기만 할 뿐이었다. 그녀는 슬퍼지기 시작했다. 그러다가 문득, 춤의 치수를 재는 데 자신의 인생을 바쳤음에도 불구하고, 실제로는 한 번도 춤을 춰 보지 않았다는 사실을 깨달았다.

그녀는 춤을 춰 보기로 했다. 빨간 드레스를 입고, 몇 가지 경쾌한 음악이 연주되는 테이프를 틀어 놓고, 춤을 추기 시작했다.

그리고 이제는 더 이상 춤을 측정하지 않는다. 단지 춤을 출 뿐이다. 어디를 가든 춤을 추었다. 이따금씩 당신은 빨간색 비단의 파티복을 입고 유쾌하게 춤추며 세탁소로 향하는 그녀를 보게 될지도 모른다.

행복

이따금씩
나는 너무 행복해서
터져버릴 것만 같다.
그럴 때면,
스스로를 진정시킨다.
폭발하면
너무 지저분해지고,
또 사람들을 불안하게 만들 수도
있기 때문이다.

가출한 감정들

내려앉을 곳을 찾아 허공을 떠도는 가출한 감정들이 있다. 이런 정처 없는 감정들은 사랑일 수도 있고, 분노나 공포이거나, 질투나 권태, 아니면 뭔가 다른 것일 수도 있다. 좋은 감정일 수도 있고, 나쁜 감정일 수도 있다. 그러나 그런 감정들은 주목할 만한 가치가 없다. 그것은 우리에게 속해 있는 것이 아니다. 누군가가 끝까지 함께하지 못하고 잃어버린 것이며, 대기 중에 떠돌면서 단순히 내려앉을 곳을 찾고 있을 뿐이다.

우리는 이렇게 도망친 감정들을 약간만 통제할 수 있을 뿐이며, 그 중 하나를 골라서 받아들일 수도 있고, 받아들이지 않을 수도 있다. 그것은 우리가 어떤 환경을 제공하느냐에 따라 달라진다.

예를 들어, 색채는 감정에게 자석과 같은 작용을 한다. 검정색은 우울함을 불러올 수도 있지만, 지적인 교양을 유인할 수도 있다. 검정색 옷을 입을 때는 항상 살짝 미소를 지어라. 그러면 우울한 감정은 살짝 빠져나가고, 지성과 교양이 주르륵 미끄러져 들어올 것이다.

파스텔 색은 경솔함이나 기쁨 같은 가볍고 공기 같은 감정에 좋다. 그러나 주의해야 한다. 천박한 감정들도 파스텔 색에 매력을 느끼기 때문이다. 파스텔 색의 옷을 입을 때는 자신의 중심을 굳건하게 하고, 그 중심에 확고하게 기초해야 한다. 그래야 기쁨은 끌어당기고 천박함은 피할 수 있다.

좋아하지도 않는데 가출한 감정들 중 하나가 당신에게 달라붙어 있더라도, 참아야 한다. 그것은 떨어져 나갈 것이다. 다시 말하지만 그것은 기본적으로 당신에게 속해 있는 것이 아니다. 단지 잠시 동안 당신이 빌린 것이다. 대체로 그 감정들은 단순히 장난을 하고 있을 뿐이며, 아주 오래 당신에게 붙어 있지는 않는다.

발 냄새

이틀 동안 계속해서 발 냄새를 맡았다.

냄새가 났다. 처음에는 그 이상하고 코를 찌르는 냄새가 어디서 나는지 알아보려고 몸을 굽혀 내 발의 냄새를 맡았다. 아니었다. 냄새는 그 다음날에도, 그 다음날에도 계속해서 나고 있었다. 내 몸에서 나나? 내 몸에서 발 냄새 같은 게 풍기기 시작했나? 새로 산 샴푸 때문인가? 화장품 때문인가? 아니었다. 위에 적은 모든 것을 다 확인해 본 후 나는 아니라는 결론을 내렸다.

그럼 혹시 내 콧속에서 발 냄새 같은 것이 나는 건 아닐까? 나는 혹시 세상이 그 발 냄새 같은 것을 풍기고 있는 것은 아닌지, 그런 냄새를 항상 가지고 있었던 건 아닌지도 생각해 보았다. 항상 나던 그 냄새를 나의 감각들이 이제야 깨달았고, 나는 이제까지는 전혀 의식하지 못한 채로 그런 세상의 냄새를 맡아온 것은 아닐까? 그러나 아니다. 세상에서는 항상 좋은 냄새가 난다.

문제는 다시 나에게로 돌아왔다. 나는 내 삶의 냄새를 맡고 있었던 것이다. 내 삶이 공기도 안 통하는 좁고 땀나는 곳에 처박혀 있었던 것이다. 나는 너무 오랫동안 같은 것에 고착되어 있었다. 똑같은 머리 모양, 똑같은 옷들, 똑같은 문제들, 똑같은 즐거움, 똑같은 모든 것들. 내 삶이 발 냄새 같은 것을 풍기고 있었다. 정말 고약한 냄새였다.

내 눈은 새로운 경치를 볼 필요가 있었다. 나의 뇌는 새로운 생각을 할 필요가 있었다. 내 심장은 새로운 리듬으로 고동칠 필요가 있었다. 바꿀 때가 되었다.

나는 남부 프랑스로 이사하는 것과 같은 거대한 변화를 생각했다. 그러나 좀 더 멀리 내다보고 그보다는 덜 극적인 변화를 꾀할 필요가 있다는 결론을 내렸다. 그래서 신성한 곳 가운데에서도 가장 신성한 장소를 찾아갔다. 내 인생에 닥친 아주 심각한 문제를 해결하기 위해 내가 찾아낸 곳은 바로, 쇼핑몰이었다.

나는 발 냄새를 확실히 제거하기 위해 백 달러짜리 프랑스 향수를 한 병 샀다. 그리고 책방으로 가서 내 지평을 넓혀 줄 책을 한 권 샀다. 문구점에서는 방수용 황산지가 들어 있는 가죽으로 제본된 일기장과 끝부분에 흰 깃털이 달려 있는 이탈리아제 만년필, 그리고 에메랄드빛 초록색 잉크도 샀다. 매일 이 에메랄드빛 잉크로 글을 쓰리라 마음먹었다. 스카이다이빙을 가르쳐 준다는 전단지를 보았다. 그 전단지도 가지고 왔다. 나는 늘 날고 싶었다. 최소한 떨어질 때 제대로 조절이라도 하고 싶었다.

집에 도착했을 때, 새로운 향기가 내 주위에 감돌았다. 그것은 치자 꽃향기였고, 과즙 붉은 스페인 오렌지 향이었고, 뭔가 달콤한 것을 넌지시 알려 주는 향이었고, 톡 쏘는 후추의 향이었다. 발 냄새는 사라졌다. 맛있고 새로운 향이 그 냄새를 대신했다.

이 향기는 2년 동안 내 곁에 머물러 있었다. 그리고 발 냄새가 아주 조금이라도 다시 기어드는 것 같은 생각이 들 때마다, 새로운 향기를 내 삶에 끌어들였다. 스카이다이빙은 한 번도 하지 않았다. 그건 너무 무서웠다. 그러나 남부 프랑스에는 실제로 갔었다. 3주간의 휴가이긴 했지만. 여전히, 멋진 향기가 난다.

제5장

찬란한 빛의 경쾌한 춤 ; 신

이 거룩한 춤은 모든 춤 가운데에서도 가장 부드러우며, 가장 강인하다.
온 세상 사람들은 다양한 리듬에 맞추어 공기 같이 가벼운 다양한 스텝으로
춤을 춘다. 그럼에도 불구하고 그것은 같은 춤의 아버지가 우리에게 들려주는
다양한 선율에 맞추어 같은 무도장에서 추는, 똑같은 춤이다.
나의 이름으로 불리기에는 너무나 큰, 누군가는 두려워하고 누군가는
숭배하며 많은 이들이 사랑하는, 보이지 않는 선의 힘과 빛, 희망과 기쁨과
그리고 모든 것들의 찬란한 반영.
여러 가지 이름으로 불리며, 다양한 방식으로 사랑받는다.

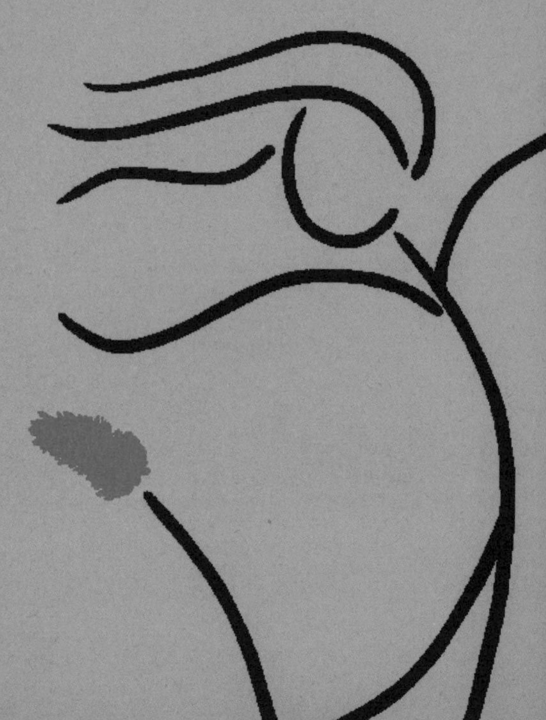

그림

신이 우리에게 색채를 주었다.

우리는 그림을 그린다.

때때로
절묘한 필치로
그린다.
그 그림은
섬세하고 훌륭하다.

어떤 때에는
대담하고 가공하지 않은 색채를 뿌려
손가락 그림을 그린다.
우리의 그림은
세련되지 못하다.
그러나 묘하게 매력 있다.

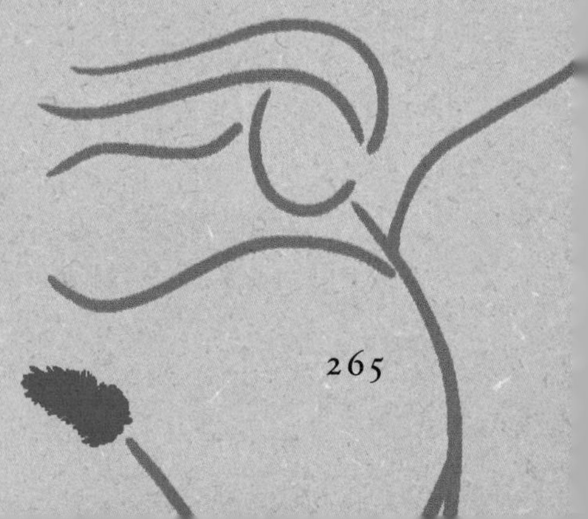

모든 사람들에게는

어떤 여자들은 로데오 거리에서 마놀로 블라닉구두 디자이너, 또한 상표명 – 옮긴이의 끈으로 된 샌들을 신고 거리로 나서고, 어떤 아이들은 신발이 없어 말라 가루가 되어 부서지는 땅 위를 맨발로 걷기 시작한다.
그러나 모든 사람에게는 하늘이 있다.
하늘, 선명한 푸른색에 거품 낸 생크림 같은 구름, 또는 수정 같은 맑은 파란색에 벗은 구름, 또는 폭풍우치고 거친, 극적인 사건을 부르는 신비하고 놀라운 하늘.

모든 이들에게는 하늘이 있다.

어떤 이들은 원뿔 모양의 봉투에 맛있는 음식을 담고 매일 향유할 달콤한 디저트를 고르기 시작한다. 어떤 사람들은 밥 한 공기를 진수성찬인 양 바라보기 시작한다.
그러나 모든 사람들에게는 달이 있다.
달, 그 자신이 변화하는 분위기를 갖고, 백금색의 은 같은 초승달에서부터 부끄러움 없이 풍만하고 둥글게 성장하는 대담하고 밝은 달.

모든 이들에게는 달이 있다.

어떤 사람들은 그들의 땅에서 한 번도 전쟁을 겪지 않았다. 어떤 이들은 평화가 무엇인지를 모른다.
그러나 모든 사람들이 일몰을 본다.
하늘의 캔버스 위까지 튄 물감이 터져 만들어진 일몰. 진홍빛 대담한 필치를 자랑하며 짙은 오렌지색 속으로 녹아들다가 살구색의 부드러운 필치로 마무리한다.

모든 이들이 일몰을 본다.

어떤 여자들은 파리 패션으로 화려하게 차려입고, 아주 비싼 보석으로 치장한다. 어떤 여자들은 누더기를 걸치고도 그것에 감사한다.
그러나 모든 사람들에게 아침이 온다.
그 아삭아삭하고 상쾌한 하루의 시작. 새로운 태양은 신선한 희망, 맛있는 기회와 가능성, 그리고 위대한 기적을 불러온다.

모든 이들에게 아침이 온다.

어떤 사람들은 아주 돋보이기 시작하고, 세상은 그들의 모든 욕망을 승인해 준다. 어떤 사람들은 초라해지기 시작하고, 아주 무시당한다.
그러나 모든 사람들에게는 숨 쉴 수 있는 공기가 있다.

공기, 이국적인 꽃향기와 방금 깎은 잔디의 풀냄새, 바닷바람의 소금 냄새, 그리고 나무들이 숨을 쉬며 내뿜는 깨끗하고 맑은 산소를 실어 오는, 신선하고 상쾌한 공기.

모든 이들에게는 공기가 있다.

어떤 사람들은 페이지마다 실려 있는 단어들과 그들의 꿈이 등을 떠밀어, 더 먼 곳으로 떠날 수 있게 해 주는 책을 읽기 시작한다. 그들은 거리 모퉁이마다 자리 잡고 있는 서점의 구색을 갖춘 여러 가지 종류의 책 중에서 한 권을 고를 수도 있다. 어떤 사람들은 읽을 수가 없고, 서점도 없다.
그러나 모든 사람들에게는 웃음이 있다.
마음에서 우러나오는, 배꼽 빠지는, 시끄럽고, 떠들썩한 웃음.

모든 이들에게는 웃음이 있다.

어떤 사람들은 텔레비전과 컴퓨터와 휴대전화기와 전자레인지와 그리고 인간이 알고 있는 모든 과학기술의 놀라운 산물들을 소유하기 시작한다. 어떤 사람들은 텔레비전을 한 번도 본 적이 없다.
그러나 모든 사람들이 입맞춤을 한다.

어머니의 상냥한 입맞춤, 연인들의 거칠고 열정적인 입맞춤, 아니면 강아지의 코에 하는 사랑스러운 입맞춤.

모든 이들이 입맞춤을 한다.

어떤 사람들은 자유를 얻고, 어떤 사람들은 정치범으로 수감된다.
모든 사람들이 다 생각을 한다.
위대한 철학적 개념들이 머릿속에서 자유롭게 뛰놀고, 공상 속의 자유로운 비행과 상상 속의 기쁨을 탐닉하거나, 새로운 수학 공식을 만들어 내거나, 아니면 시원한 바닷바람의 달래는 듯한 생각들을 이리저리 굴려본다.

모든 이들이 다 생각을 한다.

어떤 사람들은 건강해지고, 어떤 사람들은 병을 얻는다.
그러나 모든 사람들이 밤에는 꿈을 꾼다.
모든 것이 평등하고, 모든 아름다움과 경이로움과 건강과 사랑의 가능성이 존재하는, 그리고 다리를 저는 사람까지도 달릴 수 있는 꿈들.

모든 이들이 꿈을 꾼다.

혼란

신은

우리가 감당할 수 없는 것은

주시지 않는다고 한다.

그분이 아마

다른 사람과 나를

혼동하신 게 분명하다.

밝기

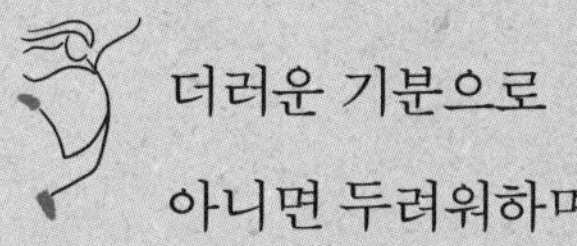

더러운 기분으로
아니면 두려워하며
발견한
개미나 거미
아니면 다른 곤충을
밟아 터트릴 때,
나는 발을
쿵쿵거리며 내딛으며
"미안하다."고
말한다.

나에게
암이라든가, 자동차 사고라든가,
아니면 뭔가 커다란 재앙이
나의 존재를 부수어 버리는
그때가 오면
그 충격적인 순간에
"미안하다."는

우레 같은 소리가

들려올까.

궁금하다.

돈을 위한 기도

주님!

제가 돈이 필요해요. 눈먼 돈이요. 돈이 세상에서 가장 중요한 게 아니라는 것은 저도 알아요. 쓰면 고갈되어 버리는 에너지에 불과하다는 것을 알지만, 저는 그 에너지가 필요해요.

저는 근사한 맨션에 살고 싶어요. 뜯어지지 않은 좌석 벨트에, 의자나 쿠션 속이 삐져나와 있지 않은 좋은 차를 갖고 싶어요. 텐트를 안 들고 가도 되는 휴가를 떠나고 싶어요. 정말 돈 들어갈 데가 너무 많아요. 책도 더 많이 쓰고 싶어요. 만약에 저에게 눈먼 돈이 생긴다면, 저는 제 재능을 발휘할 수 있게 될 거예요. 직장에 다닐 필요도 없고, 그 시간에 글을 쓰거나 테니스를 치거나, 혹은 그림을 그리며 지낼 수도 있을 거예요.

아시다시피, 저는 빚더미에 앉아 있어요. 집에도 대출받은 빚이 주렁주렁 달려 있어요. 사실은 그래서 생각한 것이 눈먼 돈이에요. 이 곤경에서 벗어나서 밝은 곳으로 가고 싶어요. 돈의 광채 속으로요. 당신은 저에게 훌륭하고 이상적인 인생의 교훈들을 주셨어요. 그리고 제발, 이제는 다 받았기를 바라요. 더 이상의 고통은 필요하지 않은 것 같아요. 이미 충분히 많은 교훈을 얻었다고 생각해요. 좀 쉽게 성공할 수는 없을까요?

돈을 전하는 방법으로 복권도 좋을 것 같아요. 책이 아주 많이 팔려도 좋아요. 그렇지만 피 묻은 돈은 싫어요. 아무도 죽어서는 안 돼요. 누구를 고소하고 싶지도 않아요. 그 돈 때문에 어떤 사람도 다쳐서는 안 되고, 쉽게 벌 수 있어야만 해요. 처리할 일은 많지 않은 거물급 고객이 있었으면 좋겠어요. 석유를 발견할 수도 있고, 갱단의 돈이라도 찾았으면 좋겠어요. 그렇지만 누가 저를 뒤쫓는 것은 원치 않아요. 거리에서 저를 본 누군가가, 그냥 저를 좋아해 줬으면 좋겠어요. 그들이 부자였으면 좋겠고, 제가 뭘 하는 사람인지에 상관없이 돈다발을 안겨 주면 좋겠어요.

무임승차하는 기분을 느끼고 싶어요. 대가를 지불하지 않아도 되는 깜짝 보너스처럼, 구름 낀 날 갑자기 황금빛 태양이 작열하는 것처럼, 쏟아지는 돈비를 맞고 싶어요. 이번엔 제 차례가 아닌가요? 사람들에게 정해진 순서가 있나요? 다른 사람들보다 더 많은 기회를 가진 사람도 있나요? 주님의 벽장 속에는 공짜로 나눠 줄 깜짝 선물 꾸러미들이 쌓여 있나요? 그런데, 벽장은 있으세요?

착한 사람이 된다고 약속할게요. 사실 착하게 살았어요. 더 나은 사람이 될게요. 꼭 생각해 봐 주세요.

마음으로부터, 카르멘

클럽

신과 천사들을 제외하면
내가 아는 생물들 중에서
인간이
가장 강하고
가장 아름답다.

이 클럽에 속해 있는 내가
자랑스럽다.

묵묵히 생각하니

어느 날

묵묵히 신에 대해 생각하며

그와 그의 방식을

이해하려고 애쓰다가

나는 깨달았다.

내가 신을 이해한다고 생각한다면,

그것은 신을 이해하는 것이거나

아니면 나의 뇌를 과대평가하는 것이다.

신은 너무 커서

나의 작은 뇌에는

완전히

들어갈 수가 없기 때문이다.

그러나 때때로

내가 신을 느낀다면

아마, 그것은 완전히 가능한 일이다.

마음은

신처럼

측정할 수 없이 넓기 때문이다.

거기에는

신이 다 들어올 수 있다.

신에게 드리는 쪽지

주님!

제가 고자질이나 하는 사람이 되고 싶지는 않지만, 혹시 모르고 계실까 봐서요. 이 아래에 사는 모든 사람들이 당신의 이름 때문에 싸우고 있어요. 예수, 부처, 알라, 마호메트, 가네시힌두교의 신 – 옮긴이, 시바……. 그 이름을 다 댈 수가 없어요. 제발 당신의 진짜 이름이 무엇인지 알려 주세요. 그래서 우리가 서로를 사랑하고, 당신을 사랑하는 좀 더 중요한 일을 할 수 있게 해 주세요.

기독교인들처럼 당신의 이름에는 합의하는 사람들도, 구체적인 관점에서는 서로 일치하지 않아요. 그것은 당신이 여기에 남겨 두신 두꺼운 책과 관련이 있어요. 그것 때문에 다투고 있어요. 이 세상 사람들은 품행이 그다지 좋지 못해요. 그들이 '신성'하다고 부르는 땅을 서로 차지하기 위해, '신성'한 전쟁을 벌이는 불경한 짓에 몰두하며, 서로를 죽이고 있어요. 그들이 뭔가 혼동하고 있는 것 같아요.

우리 모두가 당신을 사랑하게 하는 것이 당신의 뜻이라면, 각자의 독특하고 개인적인 방식에 의해, 우리 모두의 사랑이 다양한 색깔로 당신에게 전해진다고, 그러면 당신은 영광스러운 무지개가 빚어내는 효과처럼 그 모든 것을 다 느낄 수 있다고, 제발 그들에게 말해 주세요.

그리고 그들에게 당신의 이름을 알려 주세요.

의심

죽으면
인간에 대해
그리고 자신에 대해
가졌던 가장 인간적인 생각들을
알 수 있게 될지
그것이 진실로 판명될지
모든 것을
다 알 수 있을지
정말 의심스럽다.

신에게 드리는 기도 1

주님,
제가 사랑할 사람을
찾게 해 주세요.
제 개가 저를 사랑하듯이
저를 사랑해 줄 수 있는 사람을
만나게 해 주세요.

조건 없이 저를 사랑하는 사람.
있는 그대로의 저를 사랑하는 사람.

뚱뚱하거나 늙었거나 못생겼어도
저를 사랑해 주는 사람.

제가 가난해도 상관없는 사람.
생리증후군으로
까다롭게 구는 날이 있어도
개의치 않는 사람.

제가 아플 때에도
함께 공원을 산책할
시간조차 없을 때에도
저를 사랑하는 사람.

항상 그리고 영원히
저를 사랑하는 사람.

주님, 제발
제 개가 저를 사랑하듯
저를 사랑하는 사람을
만나게 해 주세요.

신에게 드리는 기도 2

주님,
제가 저의 개를 사랑하듯
다른 사람들을 사랑하게 해 주세요.

그들을 조건 없이 사랑하게 해 주세요.
그들을 있는 그대로 사랑하게 해 주세요.

뚱뚱하거나 늙었거나 못생겼어도
그들을 사랑하게 해 주세요.

그들이 가난하거나
생리증후군으로 까다롭게 굴어도
사랑하게 해 주세요.

그들이 아플 때에도
저를 위해 시간을 내 줄 수 없을 때에도
사랑하게 해 주세요.
항상 그리고 영원히

그들을 사랑하게 해 주세요.

주님, 제발
제 개를 사랑하듯
그들을 사랑하게 해 주세요.

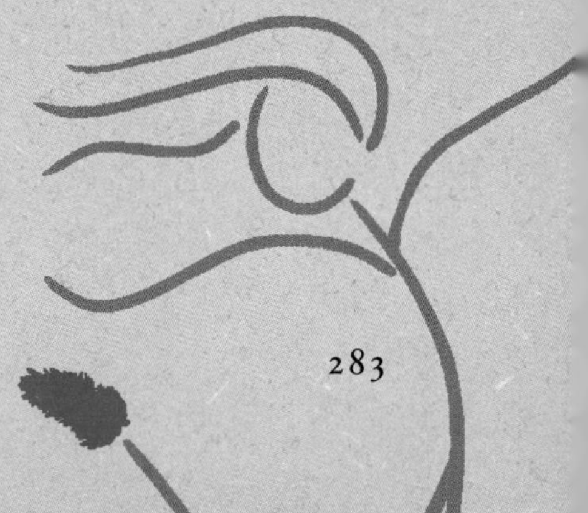

벌레를 밟는 사람

벌레를 밟는 사람들은 기본적으로 세 부류가 있다. 첫 번째 부류의 사람들은 벌레를 보면 따라가서 밟는다. 두 번째 부류의 사람들은 벌레를 보면 발을 피한다. 세 번째 부류의 사람들은 벌레들을 아예 쳐다보지도 않거나, 그것들에 대해 어떻든 한 번 생각을 하긴 한다. 때로는 밟고, 때로는 밟지 않는다. 그건 순전히 벌레의 운에 달려 있다.

첫 번째 부류의 사람들은 고의적으로 벌레를 밟는다. 새로 발견한 자신들의 힘을 가지고 장난을 하는 한창때의 소년들을 포함해, 그날 불쾌한 일이 있었을 따름인 사람들과 그냥 심술궂은 사람들이 포함된다.

두 번째 부류의 사람들은 벌레를 밟지 않는 사람들이다. 아무리 작은 종일지라도 모든 생명을 존중하는 불교 신자라든가, 특별히 상냥한 사람들이나 특별히 착한 사람들이다. 우연히 벌레를 밟는 세 번째 부류의 사람들은 그들이 어떤 일을 하든 특별히 옳고 그름에 대한 인식이 없다. 그리고 그들은 정말, 벌레가 있다는 것을 전혀 알아차리지 못한다. 만일 여론 조사를 한다면, 일반 사람들 중 대부분은 단순히 깨닫지 못하는 세 번째 부류에 속할 거라고 생각한다.

나는 대개는 두 번째 부류에 속해 있다. 밖에 나가면 길을 걸을 때 벌레를 밟지 않으려고 한다. 그러나 부끄럽게도 과거에 나는 불쾌한 일이 있던 날, 고의로 벌레를 한두 마리 밟은 적이 있었다. 지금은 벌레를 포함해 살아 있는 모든 생명을 존중하려고 노력한다.

나는 생명이 있는 아주 작고 사소한 것에까지 신이 내재한다고 믿는다.

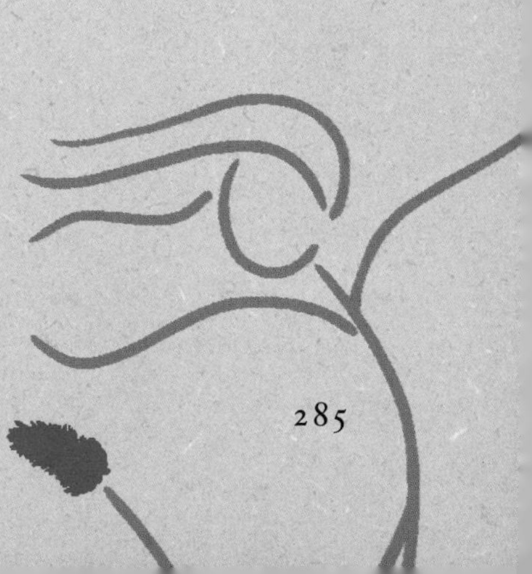

아인슈타인

아인슈타인은 이렇게 말했다.
"나는 신의 생각을 알고 싶다.
그 나머지는 모두 사소한 것들이다."
그는 '생각하는' 남자이다.

나는 '느끼는' 여자이다.
나는 신의
마음을 알고 싶다.
나머지는
사소한 것들이다.

제6장

찰스턴 : 황혼의 춤

*charleston. 1920년대 미국의 찰스턴에서 시작된 사교춤. 빠른 템포와 독특한 싱코페이션 리듬의 음악에 맞춰 양쪽 무릎을 붙인 채 발을 좌우로 번갈아 뛰면서 춘다.

나이를 먹어가는 춤. 그것은 기쁨과 슬픔을 동반한다.
순응하고, 받아들이고, 변화하는 춤. 우리들 중 몇몇은 아직도 편안한 노년으로
우아하게 퇴장하지 않고, 청년들의 문화에서 유래한 젊은이의 춤을 붙잡고
매달린다. 그리나 다른 사람들은 새로이 발견한 지혜와 신선한 기쁨을 받아들이고
한껏 즐긴다. 아마 더 흥미로울 수 있는 인생의 새로운 풍경을 기꺼이 누린다.
그 춤은 느리지만, 성급한 젊은이들의 춤에 못지않게 경이롭다.
그리고 마침내 모든 세대가 그들의 눈으로 볼 수 있는,
그 시기마다 인생이 주는 아름다운 선물에 무릎을 꿇게 된다.

도서관의 책들

도서관의 책에는
참조 번호가
매겨져 있어야 한다.
그러나 사람들은 아니다.
나이를 잊어라.
그리고
번호가 매겨지지 않은
사람이 돼라.

미리 알았더라면

지금 알고 있는 것을
그때에도 알았더라면,
삶이 그만큼
흥미진진하지는
않았을 것이다.

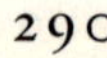

걱정

이 걱정거리들을
도대체 어디에서
찾아낸 것일까?

이 무서운 것들이
내가 스무 살 때는
어디에 있었을까?
내가 나이 들면
뛰어나오려고
몰래 숨어서
기다리고 있었던 것일까?

이 새로운 걱정거리들이
나쁜 일이 일어나는 걸
막아 줄까?
아니다.
여전히 나쁜 일들은 일어난다.
아닐 때도 있지만,

대개는 일어난다.

변화되는 건 아무것도 없다.
감정적으로 불안하며
시간만 더
소모할 뿐이다.

스무 살 때라면
시간을 덜
낭비했었을까?
그렇지 않았을 것이다.
적어도
중요한 건 없었다.

스무 살 때는
삶에 대해
그리고 그 결과에 대해
확신이 있었다.

최근에 본 별점이다.

"당신이 절망적으로
매달려 있는
그 절벽에서
앞으로 나아가라.
정확히
3인치 아래로 떨어질 것이다."

나도 그럴 것이라고 생각한다.

60세의 티나 터너 — 산호세 경기장에서의 콘서트

그녀는

강하고

섹시하고

활기가 넘친다.

아직도

불같이

열정적으로

춤을 춘다.

고마운 티나.

나는 더 이상

60세가 되는 것이

두렵지 않다.

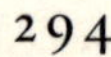

잘난 체

내가
'잘난 체' 하는
스무 살이었을 때에는
삶의 의미를
이론화하는 것이
재미있었다.

그러나
'모든 이론이 지옥으로 떨어져 버린'
40대 후반이 되자
그런 것은
하나도 재미가 없다.

중년의 여성들

'중년' 이란 42, 47, 55세의 나이를 지칭하는 말이다. 사람들은 탄생과 죽음의 중간 지점을 '중' 년이라고 생각한다. 그러나 사실 언제 죽을지는 모른다. 따라서 중년의 나이라는 것은 아주 다양할 수 있다. 내가 만일 100살까지 산다면, 나의 중년은 50살이다. 그렇다면 지나간 50년은 뭐라고 불러야 하는가? 그냥 '옛날'? 그런 건 크게 문제가 되지는 않는 것 같다. 결국 그것은 말일 뿐이다. 그러나…….

논쟁을 피하기 위해, 대충 우리가 80살에서 120살까지 산다고 가정하고, 중년을 40살에서 60살 사이라고 해 보자. 나는 중년이고 49살이다. 그렇다면 나는 98살까지만 살아야 한다.

무엇보다도 나는 거의 하룻밤 사이에 갑자기 극적으로 변하는 것은 몸이라는 것을 깨달았다. 나는 정확히 말하면 뚱뚱하지는 않다. 그러나 몸통이 심상치 않은 속도로 굵어지고 있다. 이제는 더 이상 허리가 없다. 나의 다리는 아직도 상당히 가늘다(대체로 아래쪽이), 팔도 마찬가지이다(다시 말하지만, 주로 아래쪽으로). 체중은 위쪽으로 이동하는 것 같다.

내 몸을 가장 예쁘게 보이게 하기 위해서, 내 마른 다리를 드러내는 딱 붙는 바지를 입었다. 이 바지와 함께 엉덩이를 가리는 큰 스웨터를 입었다. 이 교묘한 전략은 내 몸의 다른 부분들도 다리만큼 말랐다는 인상을 주었다. 단지 큰 스웨터를 입었을 뿐인데, 더 이상 덩치 큰 체구가 아닌 것이다. 나는 이러한 속임수를 다른 중년 여자들도 이용하고 있다는 것을 알았다. 많은 여자들이 이런 방법을 사용한다.

나와 같은 부류의 사람들에게 인기 있는 또 다른 유행은 금빛 나는 금속 조각이나, 금색 글씨 같은 금색으로 반짝이는 장식이 있는 밝은 색의 티셔츠를 입는 것이다. 나는 심리 상태가 아주 불안정함을 드러내는 이런 유행들은 의식적으로 피하기로 결정했다. 이러한 밝은 색깔들과 사람을 현혹하는 광택들은 그것을 입은 여자를 무슨 광고판처럼 보이게 한다. 그리고 그녀가 자신은 더 이상 예쁘다고 생각하지 않으며, 단지 요란하고 불쾌한 색깔의 옷으로만 주의를 끌 수 있을 뿐이라고 고함을 치는 것처럼 보인다.

물론, 내 부류의 다른 사람들처럼 나도 불안정하다. 그러나 나는 세상을 향해 나를 봐 달라고 소리를 지르지는 않겠다. 나는 차라리 사람들이 '내가 아직 예쁘다' 는 생각을 하도록 만들겠다. 그리고 내가 진짜 예쁜 거라고 그들을 속일 수 있기를 은밀히 소망한다.

보그 지에서 여자가 30살이 되면, 다른 사람들이 뭐라고 생각하든 신경 쓰지 않는다는 기사를 읽은 기억이 난다. 이런, 30살은 벌써 지나갔다. 그런데 나는 여전히 신경 쓰고 있다. 젠장.

나는 다른 사람들이 나에 대해 어떻게 생각하는지 신경 쓰면서, 그것에 구속되어 남은 생을 보내도록 정해진 불행한 예외에 해당되는가 보다. 다행히 40대쯤에, 마침내 내 근심이 줄어들기 시작했다. 그리고 이제, 40대 후반의 나이에 다른 사람이 나를 어떻게 생각하는가에 대한 걱정은 흉하지 않을 만큼만, 아주 조금 남아 있다. 그것은 아름다운 것이다. 심리적으로 동기를 유발하게 하는 어떤 테이프를 들었는데, '당신이 나에 대해 어떻게 생각하든, 내가 신경 쓸 일이 아니다.' 라는 내용이 들어 있었다. 와! 마침내 나에게 그런 일이 일어나다니! 나는 너무나 기뻤다.

중년이 된다는 것은 여자들에게 이익이 되기도 하고, 불리한 것이 되기도 한다. 약간 불어난 내 몸은 남들이 나를 어떻게 생각하는가를 걱정하는 대신에, 내가 나를 어떻게 생각하는가를 염려할 자유와 교환한 아주 가치 있는 것이다. 결국, 그건 내가 걱정할 일이 아니다.

교착 상태

50대 중반에
나는
'해야 하는가'
'하지 말아야 하는가'
사이에서 교착 상태에 빠져 있음을 알게 되었다.

나의 삶은
'해야 할 것들' 과
'하지 말아야 할 것들' 로
빽빽하게 들어차게 되었고,
그것은 나와 나의 인생을 경직되게 만들었다.

삶은 더 이상
자유롭지도
자연스럽지도
아름답지도 않았다.
자발성은 사라지고 시들어 갔다.

'해야 하는 것' 과

'하지 말아야 하는 것' 은

과거나 미래에만 존재하는 것이다.

그것은 현재에 속하는 말이 아니다.

나는 살아갈 모든 곳 중에서도

가장 풍요로운

현재를 희생해 왔다.

오래 생각한 끝에

'해야 한다' 와 '하지 말아야 한다' 는 말은

우울하고, 슬프고, 그리고 아마도 볼품없이 차려입은 누군가가

날조해낸 말이라는 결론을 내렸다.

그 말과

그 말의 발상에는

타당성이 없다.

일에는

'했거나'

'안 했거나'

둘 중의 하나가 있을 뿐이다.

이것은

나의 새로운 단어가 되었다.

그리고

아주 도움이 되고 있다.

분홍

젊었을 때
내가 좋아한 색깔은
분홍색이었다.

어른이 된 지금
내 삶의
모든 것은
베이지색이다.

언제 이런 일이 일어났는가?

나는 뭔가를
분홍색으로 칠해야겠다고
생각한다.

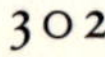

좋은 와인

발효 과정을 거쳐서
어떤 나이 든 여자들은
식초처럼
시큼한 맛이 난다.

어떤 나이 든 여자들은
똑같은 과정을 거쳐
훌륭한 와인이 된다.

아주 종종 내가
전자인 것처럼 느껴진다.
그러나
영원히
후자가 되려고
노력할 것이다.

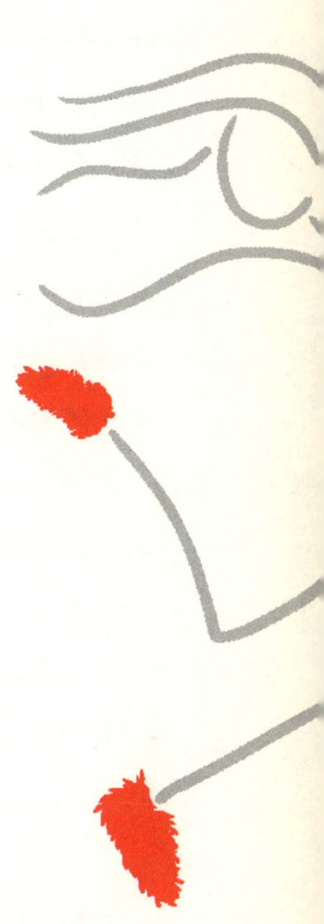

나는 몰랐다

어릴 때,

나는 몰랐다 – 사람들이 정말로 죽는다는 것을.

나는 몰랐다 – 사랑이 끝날 수도 있다는 것을.

나는 몰랐다 – 내가 세금을 돌려받기 위해 '우리 집 가장'의 상자를 뒤지게 될 줄은.

나는 몰랐다 – 내가 어떤 사람들은 '깨진' 가정이라고 생각하는 그런 집의 가장이 될 줄은.

나는 몰랐다 – 언젠가는 나도 정말 50이 된다는 것을.

나는 몰랐다 – 내가 근심하게 되리라는 것을.

그리고 또 나는 몰랐다.

– 때때로 비가 와서 내 머리카락이 곱슬곱슬해지면, 귀여워 보이기도 한다는 것을.

– 예쁜 아이를 낳게 되리라는 것을.

– 사랑이 끝나면, 누군가 새로운 사람과 다시 시작할 수도 있다는 것을.

– 가장에게는 상당한 세금 우대가 있다는 것을.

– '깨진' 가정이라는 말은 사람들이 내리는 정의이지, 나의 정의가 아

니라는 것을.

– 사람들이 나에 대해 악평을 할 때, 그것은 그들 자신에 대해 말하는 것과 같다는 것을.

– 50이라는 나이가 새롭고 아름다운 자유를 가져다준다는 것을.

– 아주 오래전에 정원에 심은 꽃이 커다랗게 피어날 수도 있고, 달콤한 향기를 풍길 수 있다는 것을.

주름 방지 크림

나이를 먹어가면서
그녀의 피부는 주름이 지기 시작했다.
주름 방지 크림도 효과가 없었다.
주름 방지 크림을
이제는 인격에
바를 때가 되었다는 것을
알게 되었다.

피부는 쭈그러져도
인격만은
영원히
탱탱하고 아름답게
남아 있을 수 있다.

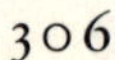

아무것도 모른다

어렸을 때는
모든 사물이 더 커 보였다.
나무도, 덤불도, 꽃들과 사람들도.

내가 자라자
사물들은 더 작아졌다.

늘
그것들은 키가 얼마나 될까
생각하곤 했다.
일부만 알아맞힐 수 있었다.

어렸을 때는
모든 것을 대할 때
수준 높은 태도를
취했었다.
놀라움과 경외감
모든 것을

아니면 아마도 어떤 것은
아는 게 없다는
인식.

자라면서
수준이 낮아졌다.
나는 모든 것을 알게 되었다.

지금은
다시 한 번
아무것도
모르던 때처럼
애쓰며 살고 있다.

늙었다고 느낄 때는

늙었다고 느껴지거든
다시는
오늘만큼
젊어질 수 없다는 것을
기억하라.
그리고 하루하루를 즐겨라.

그리고 젊은 당신들
너무 어리다고 느껴지거든
내일은
더 나이를 먹는다는 것을
마음으로 받아들여라.
그리고 하루하루를 즐겨라.

폐경의 기쁨

정말 미안하다. 폐경은 즐거운 것이 아니다. 실제로 폐경기에 접어든 사람들에게는 이 제목이 빈정대는 것처럼 들릴 것이다. 나는 아직 폐경기에 들어서지 않은 사람들에게, 기쁨으로 가득 찬 미래가 있다고 커다란 희망을 전해 주고 싶다. 그러나 슬프게도, 양심상 그럴 수가 없다. 폐경은 치아의 뿌리가 흔들리는 즐거움과 동일하게 즐겁다.

나이를 먹으면 자주색처럼 관능적인 색조의 옷을 입을 거라고 말하는 여자들이 있다. 그러나 그것은 거짓말이다. 나이를 먹으면 여자들은, 외국 도시의 이름을 나타내는 커다란 금속성의 글자들이 가슴 부분에 대자로 드러누워 있는, 불쾌하고 밝은 네온사인 색깔의 티셔츠를 입는다. 방콕이라는 글자가 커다랗고 은색 광택 나는 필기체로 라임 열매 같은 초록색 티셔츠 가슴에 새겨져 있다고 생각해 보라. 번쩍이는 금색 글자로 파리라고 휘갈겨져 있는, 유행 안 타는 짙은 분홍색 티셔츠도 있다. 나이를 먹으면, 유행 감각에 맞추어 옷을 입게 될 거라는 생각은 하지 않는 것이 좋다.

나이를 먹어가는 동안, 특별한 이유 없이 체중은 자꾸만 늘어간다. 마치 얇은 공기라고 말하는 것 같은 느낌이 든다. '얇은' 이라는 말은 잘못 표기한 것으로, 공기에 관한 거라면 얇은 것은 하나도 없다. 당신이 더 이상 음식을 먹지 않으려고 하는데도, 불가사의한 부분에 계속 살이 찐다. 손목의 살은 빠지거나 없어지는 것이 아니라 오히려 더 꾹꾹 들어찬다. 몸통은 거의 사각형이 된다. 허리띠는 당신의 사각형 몸통과 허리가 없다는 것을 강조하는 불쾌한 장식이 되어 버린다.

당신의 다리가 아직 날씬함을 유지하고 있을지도 모르지만, 네모난 몸통에 붙어서 우스꽝스럽게 보인다. 마치 상자에 꽂혀 있는 이쑤시개 같다. 어떤 여자들은 아직도 팔이 가늘다. 그러나 내 팔은 굵다. 나의 오빠는 그것을 '할망구 팔' 이라고 부른다. 내가 팔을 움직이면, 늘어진 살이 아래로 처지면서 괴상하게 펄럭거린다.

성에 관한 문제는, 당신이 호르몬 주사를 맞느냐 아니냐에 따라 달라진다. 당신은 아주 무미건조하거나 아니면 성적으로 매력이 있거나 둘 중의 하나일 것이다. 나는 호르몬을 맞고 후자를 경험했다. 타오르는 열정의 불꽃이 아주 친한 척하며 나란히 앉아 있었다. 하지만 반경 1마일 이내에는 남자가 하나도 없다.

내가 실제로 데이트 상대를 만나는 일은 거의 없지만, 나는 "오, 내 사랑, 나를 가지세요."라고 열렬히 외치면서, 옷을 벗어던지고 싶은 나 자신을 발견한다. 만일 벌거숭이 상태가 되는 일이 일어난다면, 실제로는 입으로 쉿소리를 내며, "안 돼. 기다려. 그리고 쳐다보지 마."라고 말해서 분위기에 찬물을 끼얹는다. 그러나 이것을 특별히 아이러니라고 생각하지는 않는다. 나 혼자만 그런 것이 아니기 때문이다.

가끔, 자신을 부정하며 지내는 나날 중 하루는, 우리를 보고 미소 짓는 더 젊은 남자의 관심을 선뜻 받아들일 것이다. 그리고 내 생각에, 그 남자는 엄마의 사랑을 충분히 못 받고 자라서, 우리에게서 그 사랑을 얻을 수 있다고 생각하는 그런 남자일 것 같다. 물론, 통나무 같은 몸매를 가진 사람과 함께 있는 것은 어떨지 궁금해 하는 남자일 수도 있다. 아마도 지루해서 그냥 진기한 것, 새로운 어떤 것, 호기심에서 기괴한 어떤 것을 열망하는 남자일 수도 있다. 또는 때때로 우리를 바라보는 젊은 남자에게 우리가 다정하고 따뜻한 미소를 던져, 그가 묘한 얼굴을 하고 웃을 수도 있다.

당신은 '당신 나이 또래의 남자들이 있다는 것에 감사하라.' 라고 말할지도 모른다. 아니다, 정말 그렇지 않다. 내 나이 또래의 남자들은 거의 이전의 자신의 모습에서 기형적으로 변화된 불룩 나온 술배를 갖고 있다. 허리띠는 접힌 뱃살 사이에서 보이지 않고, 머리카락은 다 빠져버렸고, 그나마 몇 가닥 안 남은 것은 머리 위로 쓸어 넘겨 우리로 하여금 머리카락이 있다고 생각하게 만드는 '속임수' 를 쓴다.

그러나 꽤 괜찮은 중년 남자들도 있다. 성공도 하고, 상냥하고, 잘생기고, 정중한 남자. 이런 남자들은 성취한 것도 있고, 흰머리가 적당히 섞인 숱 많은 아름다운 멋진 머리카락을 갖고 있다. 세련되고 자신감이 넘치며, 다른 사람들이 자신과 사귀기를 열망한다는 것을 알고 있다. 그런데 문제는, '이런 남자들은 우리를 원하지 않는다!' 는 것이다. 그들은 금발에다 신이 의도한 것보다 더 좋은 몸매를 가진 젊은 여자를 원하고, 또 그들을 얻을 수도 있다.

따라서 우리는 전투에 임할 때 똑같은 무기를 들고 나가면 안 된다. 다른 재능과 다른 매력으로 결점을 보충할 수 있다. '익살스러운 장면'을 연출할 수도 있다. 우리들 중 어떤 사람들은 결점을 보완하는 기술로 유머를 이용해 재미있는 사람이 되기도 한다. 어떤 사람들은 비싼 가격의 꼬리표가 달린 옷을 입고 완전히 말수를 줄인 채, 남자에게는 관심이 없는 듯한 세련되고 점잖은 중년 부인의 분위기를 만들어 낼 것이다.

그러나 내 말을 믿어라. 이들 중 몇몇은 무서운 걱정이 엄청나게 쌓여 있어서, 그곳에 통증을 느끼는 사람들이다. 이들 중 누군가가 사랑을 나누고 오르가슴을 느끼게 된다면, 세상은 그녀의 내부에 있는 덫에 걸려 방향을 바꾼 에너지로 인해 파열하고, 아마도 어떤 불쌍한 남자는 블랙 홀로 삼켜져 버릴 것이라고 장담할 수 있다.

그리고 남의 주의를 끌기 위해 익살을 부리며 이리 뛰고 저리 뛰지만, 정말 마음에 맞는 사람을 찾아내지는 못하는 나 같은 사람들도 있다. 나는 늘 춤추는 것을 좋아했다. 그러나 이것은 익살이 아니다. 단지 춤을 좋아하는 것일 뿐이다. 나는 마치 늙었다는 것을 전혀 상관하지 않는다는 듯이 춤을 춘다. 이것이 익살스러운 행동의 하나로 보일 수도 있다고 생각한다. 나는 스물두 살 먹은 내 아들에게서 배운 새로 유행하는 춤 동작을 써 먹으려고 노력한다. 아들은 내가 우스꽝스러워 보인다고 말한다. 아마 그럴 것이다. 그리고 더 우스꽝스러워질 수도 있다는 것을 알면서도 섹시하게 춤추려고 애쓴다. 만화 주인공 같은 모습을 하고, 소리를 치며 늙었다는 것을 부정하는 내 행동을 애처롭게 바라보며, 나는 춤을 추듯 불장난 같은 연애를 한다. 그러나 아직도 춤추고 있으며, 춤을 좋아한다.

나는 죄를 지었다. 인생의 많은 부분을 죄 안에서 뒹굴며 살았다. 나는 가톨릭 신자로 성장했는데, 그것은 다만 죄의 시작일 뿐이다. 폐경기에 접어들어서는 더 나빠졌다. 이따금씩 아주 드물게 행복해 하는 나를 발견하곤 한다. 유명해져서 행복하다고 느끼는 자신을 깨닫고, 그때마다 나 자신을 붙들고 말한다.

"내가 무엇 때문에 죄책감을 느껴야 할까? 뭔가 있는 건 분명한데."

열 감지 미사일처럼 아주 가까운 거리에서 죄를 지었는지 찾아본다. 나는 특히 장거리 탐색 능력도 보유하고 있어서, '아주 열심히 일하지 않았다.' '판매대에서 계산원에게 짜증을 냈고, 웨이터들에게 재촉을 했다.' '신발을 사는 데 돈을 너무 많이 썼다.' '전화 판매원에게 못되게 굴었다.' 는 등의 잘못들을 찾아낸다. 죄와 사촌뻘 되는 회의도 덩달아 일어난다. '나는 더 이상 예쁘지 않아.' '다른 사람과 마찰을 일으키기 쉬운 성격을 가졌어.' '나는 괴팍하고, 소녀와 같은 건강함을 상실했어.' '그리고 우리 집은 초라해.'

중년이 되면 우리는 강박 신경증 환자처럼 행동하기도 한다. 이런 행동은 아주 다양한 형태로 나타난다. 가장 보편적인 예가 바로 집안을 늘 청결하게 유지하는 것이다. 이것은 자신이 자신의 생활을 통제하고 있다고 착각하는 데서 나오는 나약한 시도라고 생각한다. 나는 하루에도 몇 번씩 커튼의 주름을 펴고 있는 자신을 발견한다.

할머니께서 이런 행동을 하시고 있는 모습을 지켜보며 '정말 이상하네.' 하고 생각했었던 것이 기억난다. 지금도 제대로 설명할 수는 없지만, 아무튼 이해가 된다. 나는 청소하고, 북북 문질러 닦고, 살균제를 뿌려댄다. 나에게는 어쩐지 좀 이상한 일이다. 왜냐하면 나는 특별히 깨끗하거나 단정한 적이 없었고, 살균제는 냄새가 아주 고약하기 때문이다.

또 다른 강박증의 하나는 바로 딱 맞는 머리 길이와 딱 맘에 드는 염색머리를 지치지도 않고 찾아다니는 것이다.

"딱 맞는 길이로 머리를 자르고 완벽한 색으로 염색을 한다면, 나는 다시 한 번 예뻐지고, 세상이 내 뜻대로 될 거야."

나는 이것은 박스 같은 몸매로부터 세상에서 본 적이 없는 신비한 커트와 염색으로 사람들의 주의를 돌리는 비뚤어진 기교라고 생각한다.

작은 동물들의 입상을 수집하는 것도 일반적인 강박증 중의 하나이다. 보통은 곰이나 개구리나 돼지와 같은 것들이지만, 사실 축소된 모형이라면 어떤 동물이라도 괜찮다. 우리들의 집은 어떤 특정한 종류의 작은 동물 조각들로 가득 차 있다. 나는 우리가 왜 이러는지 모르겠다.

우리에게 위로를 주는 말이 있는데, 그것은 폐경기에 접어들면 더 좋은 보석을 갖게 된다는 것이다. 더 좋은 것이 아니면, 더 큰 거라도. 대부분의 사람들은 20대일 때보다는 더 성공하기 마련이고, 몇몇 사람들은 전 남편으로부터 받는 돈, 즉 더 소비할 수 있는 수입을 즐거이 사용한다. 물론 집 담보 대출도 예상할 수 있다. 특히 보석을 사기 위해 그럴 수 있다고 나는 확신한다.

우리는 반짝이는 것에 끌린다고 말하지 않았던가. 크고 빛나는 것들. 그것은 우리의 손가락에 낀 큰 보석이거나 네온사인 같은 티셔츠를 입을 때 걸치는 진주이거나 우리가 움직일 때마다 큰소리를 내며 철거덕거리는 장식 팔찌일 수도 있지만, 대개는 아주 큰 보석이다. 이 또한 비뚤어진 기교이다.

주름에 대해 언급한 적이 있었던가? 휴대용 콤팩트에 달린 손거울을 들여다보며 콘택트렌즈를 끼울 때 처음 주름을 발견했다. 나는 얼굴을 숙였다. "어머나, 세상에." 늘어진 살이 거울로 떨어지고 있는 것 같다고 생각했다. 나는 다시는 내가 위에 있는 자세는 취하지 않겠다고 맹세했다(내가 다시 섹스를 하게 되는 행운을 누리게 된다면 말이다).

적기는 하지만 좋은 소식도 있다. 그것은 외과적인 도움을 받을 수 있다는 것이다. 그러나 나는 돈도 없고, 아직은 그럴 용기도 없다. 얼굴의 주름이 가장 신경 쓰이기는 하지만, 내 말을 믿어라. 주름은 어디에나 있다. 몸에 있는 주름은 얼굴의 주름보다 더 클 뿐 아니라, 마치 땅

이 갈라진 것처럼 보인다. 등이 파진 옷 같은 건 입을 생각도 말아야 한다. 지금은 거기에도 균열이, 그래, 당신의 등에 균열이 나 있다. 피하 지방의 덩어리가 뭉쳐 있는 곳에는 주름이 생기지 않는다. 위라든가 넓적 다리 같은 곳인데, 그나마 이름을 댈 만한 곳도 몇 군데 안 된다. 귓불을 제외하고는 모든 곳에 주름 생긴다. 귓불은 아직 괜찮아 보인다. 휴!

지금, 당신이 어둡고 무서운 곳으로 질질 끌려들어가는 느낌이 든다면, 폐경이 약점이 된다는 것이 사실이기는 하지만 신은 궁극적으로는 공평하다는 것을 위안으로 삼아라. 정의롭고 공정한 지혜로, 폐경기에는 몇 가지의 것이 상승하도록 만들어 준다. 예를 들면 추운 날에는 뜨거운 피부도 도움이 된다. 더 이상 너절한 시기도 없고, 느닷없이 임신하지 않을까 두려워하지 않아도 된다. 호르몬은 나에게 약간의 균형을 가져다주었고, 피부에 홍조를 띠게 했다. 그리고 사실상 약간의 지혜를 얻게 되었으며, 단순히 외적인 부분만이 아니라 내 자신의 다른 부분에 집중하게 된 것이 흥미롭다고 생각한다.

다른 여자들도 나와 같다고 생각한다. 그들은 과거의 그들이 아니다. 나는 경쟁적이었다. 그러나 지금은 그렇지 않은 것 같다. 그것은 나쁜 것이 아니다. 나는 다른 여자들이 사랑스럽고 정다운 사람들이라는 것을 알게 되었다. 아무튼 이런 것은 전에는 나의 관심사가 아니었다. 그리고 호르몬이 불균형을 이루는 순간마다 불안정했다. 내가 안정감과 지혜를 느끼게 되고, 젊은 여자들이 조언을 구하러 찾아오기까지는 상당히 많은 시간이 지나야 했다. 그들은 내 말을 경청하고, 마치 내가 현명한 사람이라도 되는 것처럼 바라본다. 아마도, 정말 아마도 내가 현명한가 보다.

나는 늙어간다는 것은 살거나 죽거나를 양자택일해야 하는 것보다는 훨씬 낫다고 생각한다. 삶을 소중한 선물로 받아들이며, 젊은 몸이 되었든 늙은 몸이 되었든, 살아가는 특혜를 누리고 있는 것에 항상 감사하며 살아가고 있다. 십대에 호르몬의 변화를 겪을 때는 내가 미칠지도 모른다고 생각했었다. 그러나 그렇지 않았다. 힘들고 불편한 몸의 변화를 겪었고, 살아남았다. 나는 그 변화들을 수용하게 되었다. 그리고 앞으로도 그럴 것이라고 확신한다. 또한 삶이 결코 지루하지 않다는 것도 깨닫게 되었다.

삶의 아름다운 이야기들이 늘 변화하는 풍경 속에 펼쳐지는 것을 지켜보면서, 삶을 다양한 각도로 즐길 수 있는 행운을 가진 사람들이기 때문이다. 나는 아주 다양한 조망을 갖고, 나이를 먹어 가며 다양하게 펼쳐지는 삶을 지켜보는 완전한 기쁨을 누린다. 나는 스무 살로 돌아가고 싶지 않다. 이미 그런 시기를 겪었다. 스무 살은 스물로 그냥 두려고 한다. 지금 나는……, 쉰세 살이 되는 위대한 특권을 누리고 있다.

벌거벗고
춤을 추다

1판1쇄 인쇄 2007년 6월 22일
1판1쇄 발행 2007년 6월 29일

지 은 이 카르멘 리차드슨 러틀렌
옮 긴 이 최영림
펴 낸 이 정정란

편 집 부 김창헌 김은주 양은경
디자인팀 공 존
영 업 부 강현경 김용호 정성용 길연하
기획위원 김택규

펴 낸 곳 도서출판 황매
출판등록 2002년 11월 15일
주 소 (121-840)서울시 마포구 서교동 395-25
전 화 335-4179(편집부) 335-4121, 4131(영업부 외)
팩 스 335-4158

홈페이지 http://www.hwangmae.co.kr
블 로 그 http://blog.naver.com/hwangmaebook.do
대표메일 hmbooks@hanmail.net

I S B N 978-89-91312-55-5 03840